审计优秀博士学位论文文库（2013）
SHEN JI YOU XIU BO SHI XUE WEI LUN WEN WEN KU 2013

军队审计能力建设研究

JUN DUI SHEN JI NENG LI JIAN SHE YAN JIU

张鑫 著

中国时代经济出版社

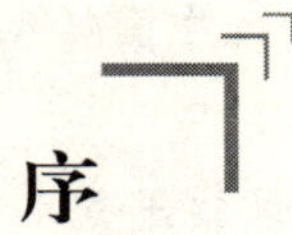

序

在人类历史发展的长河中，人类社会的每一次重大发展，总是以思想的进步和观念的更新为先导；审计工作的每一次重大进步，也是以审计理论的创新和理念的突破为基础。当前，世情、国情、党情继续发生深刻变化，改革发展的任务繁重而艰巨，审计工作面临许多新情况和新问题，客观上要求我们在理论上给予回答、提供思路和方法，审计理论研究工作更为重要，任务更为紧迫和艰巨。

审计理论研究要始终坚持立足全局，在经济社会发展全局和历史长河中去考量。开展任何一项工作、任何一项理论研究，都不能仅仅盯着这项工作、这个领域。国家审计作为国家政治制度的重要组成部分，受人民委托履行监督职责，是保障国家经济社会健康运行的“免疫系统”，是国家治理的一个重要方面和途径，国家治理的需求决定了国家审计的产生，国家治理的目标决定了国家审计的方向。从一定意义上讲，一部审计史也是一部国家兴衰史，是一部国家治理发展史，是一部体现不同利益博弈、不同思想交锋、不同文化碰撞、不同制度变迁的历史。因此，审计理论研究必须立足于国家政治制度、经济制度、历史文化传统这个大环境，放在国家治理这个大系统中，放在民主法治建设这个大过程中，放在中国特色社会主义制度这个大背景中去研究，这样，才能真正理解和把握国家审计的本质及价值所在。立足全局，也要防止好高骛远、包打天下，要找准定位，从全局考虑和解决问题。

审计理论研究要始终坚持实践至上，为审计事业的科学发展服务。理论来源于实践，是实践经验的凝集和升华，是客观规律的集中反映。审计工作是实践性很强的工作，理论工作者不能在象牙塔里搞研究，关起门来做学问，坐在井底论天下，需要到实践中去寻找研究的结论和问题的答案。中国审计有着三千多年的历史，中国共产党领导下的审计走过了七十多年的历程，新中国审计制度也建立三十年了。中国审计在延绵不断、逐步发展的历程中，积累了十分丰富的实践经验。这些经验凝结了一代又一代审计人的辛劳和汗水、智慧和才华，也蕴含着国家审计特定的运行轨迹和发展规律，需要我们去发掘利用、梳理雕琢，使之升华为服务于中国特色社会主义事业的中国特色社会主义审计理论，成为当今和未来审计实践的指南。

审计理论研究要始终坚持解放思想，求真务实，勇于创新。毛主席说过，“人类的历史，就是一个不断地从必然王国向自由王国发展的历史”，“人类总得不断地总结经验，有所发现，有所发明，有所创造，有所前进”。任何事物都有一个发生发展的过程，人们对事物的认识也有一个不断完善的过程，以前是正确的认识，未必适合当前情况，反之亦然。所以，审计理论研究工作者不能头脑僵化、思维封闭、人云亦云，不能受条条、框框、本本的束缚，要有“敢为天下先”的勇气和胆略，不唯书、不唯上、只唯实，坚持用发展的眼光和创新的精神，去探索规律，要善于从新情况、新问题中提炼、归纳出新的经验，做出新的理论概括，使中国特色社会主义审计理论在发展中体现继承，在继承中推动发展。

审计理论研究要始终坚持博采众长，融会贯通，厚积薄发。理论是学习、借鉴和创新的产物。搞审计理论研究，一定要站得高一些，望得远一些，眼界宽一些，胸怀大一些。要学习古今中外的各种知识，特别是学习政治、经济、法律、历史方面的知识，善于从经济社会发展的历史脉络中找寻审计的发展规律；要学习一切适合中国实际的好做法和好经验，善于向其他的领域、别的国家借鉴经验，使我们的研究更有深度、更有成效。同时，要善于判断和选择，注重精准深入，讲求质量精髓，能够取其精华，并使其本土化、中国化，真正为我所用。审计理论研究还要有坐“冷板凳”的气量，杜绝浮躁和急功近利的心态，防止“快餐式”文化，力求出精品和高端产品。

审计理论研究要始终坚持科学的观点、立场和方法，处理好专业与普及的关系。要以历史的、辩证的、发展的、过程的观点和全局意识、战略意识来进行审计理论研究。现在有一种倾向，认为理论研究越是艰深晦涩越是学问高深，追求大量的术语堆砌。这种将理论研究绝对学院化、书斋化的做法，是不符合马克思主义理论研究观的。列宁曾说过，“最高限度的马克思主义等于最高限度的通俗化”。邓小平同志也曾指出，“马克思主义并不玄奥，是很朴实的东西、很朴素的道理”。广大审计理论研究工作者要力求把抽象、深刻、复杂的道理用直白、浅显、通俗的语言表达出来，把若干同志在若干年中形成的实践经验、共同做法和共同认识，用大家都可以接受的语言表述出来，起到审计理论与审计实践之间的“转换器”功能。同时，审计理论研究也是广大审计一线人员的任务，要广泛动员，形成研究大军。

为了切实推动国家审计理论研究，引导和鼓励国内高等院校和科研院所博士生研究国家审计理论，加强理论研究人才队伍建设，培养高层次审计人才，促进国家审计事业健康发展，我倡议审计署每年组织开展一次审计优秀博士论文评选，将入选的优秀论文出版，建立一个“审计优秀博士学位论文文库”。

恩格斯曾经说过，“一个民族要想站在科学的最前列，就一刻也不能没有理论思维”。中国特色社会主义审计制度在不断健全和完善，中国特色社会主义审计理论体系在不断创新和发展。衷心希望有越来越多的有志之士投身到审计理论研究工作中来，也衷心希望有越来越多的优秀审计理论研究成果问世，在中国特色社会主义审计理论发展史上留下浓墨重笔。若此，甚慰。

是为序。

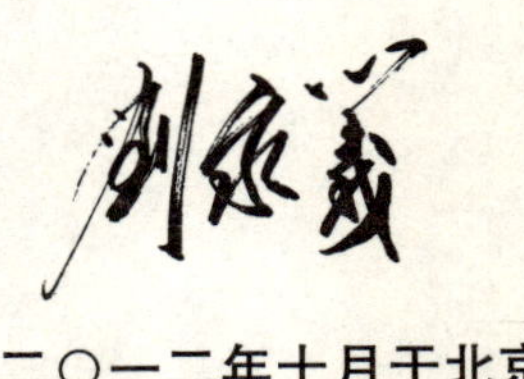

二〇一二年十月于北京

目 录

摘　要

能力是战斗力生成的内聚力，能力建设是战斗力提高的内驱力。军队审计能力建设是开展审计工作的重要条件，是军队审计基础建设的重要内容，是确保审计质量、有效发挥审计“免疫系统”功能的重要保证。军队审计能力建设既是时代赋予审计工作的战略任务，也是审计理论研究的重大课题。选择军队审计能力建设这一研究课题，就是以贯彻落实中央军委“推动国防和军队建设科学发展为主题，加快转变战斗力生成模式为主线”的重大战略思想，准确把握新形势新任务对军队审计工作的新要求为依据，紧紧围绕现阶段军队审计工作的关键问题——军队审计能力建设，进行深入细致的研究。

本文分为导论、正文和结论三个部分，正文部分沿“理论分析——实践研究——对策建议”的思路展开，共分为八章。第一章为理论分析，第二章、第三章为历史回顾、现状分析和经验借鉴，第四章为总体构想，第五章至第八章为具体对策建议。论文的主要研究内容如下：

导论部分介绍研究背景、研究意义、相关文献综述、研究思路及研究方法，初步勾勒出本文的结构框架。

正文第一章为理论分析，提出军队审计能力建设的概念，对基本内涵进行解析。在深入分析军队审计能力建设研究现状的基础上，深刻剖析军队审计能力的构成，详细解释军队审计能力的影响因素，阐述军队审计能力建设的理论基础。

正文第二章、第三章为实践研究，通过查阅历史资料，从个体能力和组织能力两方面回顾我军审计能力建设的历程，理性分析我军审计能力建设的现状。同时，对国家审计以及外国审计能力建设的情况进行深入分析，对国家审计、社会审计、内部审计能力建设的方方面面进行描述，对西方主要国家审计能力建设的经验进行总结，归纳并提出可供我军审计能力建设借鉴的重要启示。

正文第四章阐明了军队审计能力建设的总体构想，系统研究了军队审计能力建设的目标、原则与基本思路，并提出军队审计能力建设的基本途径。

正文第五章至第八章为对策建议，详细论述军队审计能力建设的四个基本途径：一是建立健全审计能力建设制度，包括构建能力本位制度、完善科研训练制度和健全廉洁从审制度；二是不断完善审计能力建设机制，包括强化审计行为约束机制、改进审计能力激励机制；三是有效整合审计资源，通过分析审计能力建设和审计资源的供需关系，制定审计人力资源、信息资源和技术资源的整合措施；四是科学实施审计能力评价，构建审计能力评价模型。

结论部分，提出论文的研究成果和主要贡献，并就未来该领域的研究进行了展望。

论文主要创新点如下：

一是分析了军队审计能力的构成要素与影响因素，划分了军队审计人员审计能力和军队审计组织审计能力两层次构成，提出了审计人员能力、组织构成、审计技术、管理效能和审计环境等影响军队审计能力的五个主要因素。

二是归纳了军队审计能力建设的基本途径。将分散的审计能力建设对策综合为建立健全能力建设制度、不断完善能力建设机制、有效整合军队审计资源和科学实施审计能力评价四个基本途径，使得军队审计能力建设思路更加清晰。

三是设计了军队审计能力评价指标体系。论文对军队审计能力的诸多要素进行了维度划分，通过问卷调查、专家访谈等方式了解了军队审计能力各要素的重要性，利用层次分析法为能力各要素在军队审计能力中的重要程度进行赋值，利用数学工具 Mathematica 计算各指标权重，并结合某审计部门年终考核，利用模糊综合评价的方法检验评价指标的科学性和合理性。

关键词： 军队审计　审计能力　建设

ABSTRACT

Ability is the cohesion which generates combat capabilities, and ability construction is the internal driving force which improves combat effectiveness. Military audit ability construction is an important condition to carry out audit work, an important matter of the audit infrastructure and the assurance for the audit quality and the audit function of the immune system. Military audit ability is the strategic task of the audit work which the time gives to, and it is also a major topic of audit theoretical research. By selecting the military audit ability construction, the author conducted in-depth and meticulous research on this object which implements major strategic thought, "to promote the scientific development of the national defense and armed forces as the theme, and to accelerate the transformation of combat effectiveness generation mode as the main line", meets the new requirements which new situation and tasks of the military audit work presents, and contres closely on the key problem of current military audit work. The thesis is divided into three parts: introduction, body and conclusions. the body part follows the thought of "theory analysis——practice research——measure suggestions" and is made up of eight chapters. The first chapter is the theoretical analysis. The second and third chapters are the history, present analysis and experiences. Chapter four is the overall vision. And from fifth to eighth chapters gives us the measure suggestions. The main content of the thesis is as follows:

The Introduction section describes the background, significance, relevant literature review, research ideas and research methods, a preliminary outline of the structural framework of this article.

The first chapter makes theoretical analysis. It proposes the concept of military audit ability construction and the analysis of basic content. On the basis of in-depth analysis of the military audit ability construction research, the thesis analyses the composition of military audit abilities, explains the impact of the military audit ability factors and the theoretical basis of the military audit ability construction.

The second and third chapters are practice research. By getting large amounts of data, reviewing the history of our military audit ability construction, the thesis makes rational analysis of the status of our audit ability construction. The thesis compares national audit and foreign audit ability construction. It makes in-depth analysis of national audit, social audit, internal audit ability construction. A summary of the audit ability construction experiences of major Western countries is also presented in these two chapters.

The fourth chapter clarifies the overall vision of the military audit ability construction. By making a systematic study on military audit ability construction objectives, principles and basic ideas, this chapter gives us the basic approach of the military audit ability construction.

From fifth to eight chapters are the suggestions. It discussed in detail on the military audit ability construction in four basic ways: The first is to sound military audit ability construction system, including improvement of the competency based system, establishment of research training system and integrity of the trial system. The second is to improve the military audit ability construction mechanisms, including strengthen the restraint mechanism of audit behavior, improve the incentives of audit abilities. Third, the effective integration of audit resources through the analysis of supply and demand relationship of the audit resources and audit ability building to develop integration measures of human resources, information resources and technology resources of audit. Four is a reasonable evaluation of audit abilities, building an audit capacity evaluation model.

The concluding part of the thesis gives research results, and the outlook on the future areas of research.

Thesis innovations are as follows:

First, it presents in-depth analysis of the constituent elements of the audit ability and influence factors. By dividing the audit ability of the auditors and audit organizations into two levels, the thesis describes the ability of auditors, organization structure, audit techniques, management, performance and audit environment are five major audit elements.

Second, the thesis makes systematic summarizes of the basic approach of the audit ability construction. The thesis integrate the ability level of the four basic ways—ability construction measures, integrated for the effective integration of audit resources, improve the ability construction system, improve the ability construction mechanisms and rational evaluation—which making the audit ability construction ideas clearer.

Third, the thesis makes scientific design of audit ability evaluation index system. The thesis dimensionally divided into many elements of the audit abilities. To understand the importance of the various elements of the audit abilities through questionnaires, interviews with experts, etc. the thesis uses the Analytic Hierarchy Process assignment for the important of the various elements of the ability in audit ability and uses Mathematica tool to calculate the weight of each index, which is combined with the audit department of an army of year-end appraisal awards, fuzzy comprehensive evaluation method to test scientific rationality of the evaluation index.

Key Words: Military audit; Audit ability; Construction

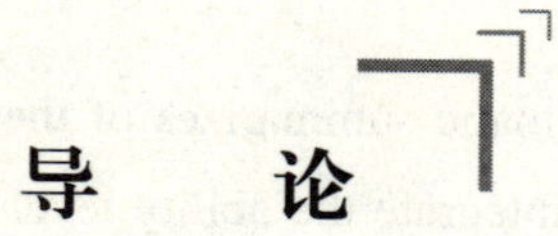

导 论

第一节 问题提出

党的十七大报告指出，要全面履行党和人民赋予的新世纪新阶段军队历史使命，必须“贯彻新时期军事战略方针，加快中国特色军事变革，做好军事斗争准备，提高军队应对多种威胁、完成多样化军事任务的能力”[1]。胡锦涛同志这一重要指示，既是对我军建设提出的新要求，也是对全军官兵能力素质提出的新要求。认真贯彻落实胡锦涛同志重要指示，对军队全体官兵来说，重要的一条就是要积极适应新世纪、新阶段我军历史使命的要求，不断提高自身能力水平。2011年7月1日，胡锦涛同志在庆祝中国共产党成立90周年大会上发表重要讲话[2]，系统阐述了在新的历史起点上推进中国特色社会主义伟大事业的大政方针，内涵十分丰富，思想极为深刻，意义非常重大。讲话中指出了当前我党面临的四个危险之一就包括能力不足，这也是我军审计工作面临的新情况、新问题、新挑战，要防止这一危险，就是要通过加强军队审计能力建设，促使审计能力能够不断满足军队审计工作的要求。2011年8月26日，中央军委颁发了《进一步加强军队审计工作的意见》，提出了“军队审计是确保党对军队绝对领导的重要经济监督手段，是维护军事经济安全、规范军事经济秩序、提高军事资源效益、促进军队反腐倡廉建设的重要途径，对国防和军队建设具有重要性、全局性影响”[3]。关于军队审计工作地位作用的这一论述，阐明了我军审计能力与党对军队绝对领导能力的内在关系，阐明了我军审计能力与依法从严审计方针的内在关系。贯彻落实中央军委意见，其根本举措就是通过加强军队审计能力建设，确保军队始终拥有与职责、使命、任务相适应的审计能力。

在国家审计领域，各级领导都一直注重审计能力建设。温家宝同志明确要求，“审计机关承担着很大的责任，审计人员要不断加强学习，不断完善知识结构，提高综合素质和审计能力。审计机关要加强制度建设，严格管理、严格要求、严明纪律，规范审计行为，进一步提高审计管理水平和工作绩效”[4]。温家宝同志在审计署考察工作时曾经强调，“审计机关要努力培养和造就一支政治过硬、业务精湛、清正廉洁的审计队伍，切实提高审计公信力和执行力 ”[5]。刘家义审计长指出：“审计机关作为监督部门，只有自身正、自身硬，才能做到依法审计、客观公正审计。[6]”这就告诉我们，依法严格审计，仅靠良好的愿望是不够的，还必须要有足够的能力做支撑。

《军队审计建设发展“十二五”计划》明确的“十二五”时期军队审计的工作思路是“围绕中心、服务大局，依法审计、纠建并举，创新发展、提升能力”，其中，“创新发展、提升能力”是推动审计建设发展的强大动力。2010 年初，中央军委委员、总后勤部部长廖锡龙指示：“要切实加强审计部门自身建设，不断巩固和发展勤于学习、忠于职守、爱岗敬业、清正廉洁、甘于奉献的良好氛围，努力建设一支政治坚定、作风优良、业务精通的高素质审计队伍，以求真务实的科学态度和奋发有为的进取精神，在新的起点上推进审计工作科学发展，为国防和军队建设做出更大贡献。”[7] 2011 年 8 月，解放军审计署李清和审计长在全军审计局长座谈会上分析了近些年我军审计工作面临的“三个不相适应”，其中一条就是审计能力素质与提供高质量的审计服务不相适应，并提出了解决这一矛盾的办法，就是要不断提升审计人员的综合能力素质，努力建设“三型队伍”[8]。解放军审计署王社副审计长在第六届全军审计理论研讨会上谈到，审计理论研究要特别突出审计能力建设这个支撑。“审计能力建设，是开展审计工作的前提条件，是审计事业蓬勃发展的基础 ”[9]，这是审计理论研究的重大课题。

笔者正是在这样的宏观背景和实际情况下，基于对这一现实问题的不断思考，选择军队审计能力建设作为博士阶段的研究方向。希望通过深入研究，认清军队审计能力建设的历史与现状，明确军队审计能力所包含的要素与内容，分层次、有针对性地提出能力建设的思路和方法，为军队审计自身建设提供指导。

第二节 研究意义

一、为解决军队审计能力不足提供方法思路

当前，军队审计工作仍处于传统审计向现代审计迈进的转型期，面临着一些困难和矛盾，其中审计能力不足与提供高质量审计服务要求的矛盾尤为突出，军队审计能力不足已经成为制约军队审计各项事业发展的关键因素。加强军队审计能力建设研究，可以为解决当前我军审计工作中遇到的困难与问题提供新思路和新方法。一方面，对军队审计能力构成要素和影响因素的研究，明确了审计能力建设的内容；另一方面，在总结历史经验和借鉴国内外审计成功做法的基础上，提出了我军审计能力建设构建思路和措施。这些都为解决军队审计能力的不足提供了方法和思路。

二、为军队审计能力建设实践提供理论支撑

对军队审计能力建设进行研究，有助于军队审计人员和审计部门清楚地认识到自身能力存在的不足，为军队审计人员和审计部门改善审计服务质量，提高审计监督水平，有效履行审计职责提供理论和实践方面的帮助。对军队审计能力构成要素的分析，有利于军队审计人员和审计部门有针对性地加以完善。通过制定设计军队审计能力建设的目标与思路，为我军审计能力建设指明方向，有利于克服军队审计能力建设问题上的片面性、局限性及轻效益性，全面提高军队审计能力。通过对军队审计能力的量化评估以及制定评价标准体系，有利于准确衡量军队审计能力大小。

三、丰富和完善军队审计建设理论体系

审计理论是开展各项审计实践活动的基础，它可以帮助审计主体透过纷繁复杂的审计现象，科学预见其未来状态及发展趋势。审计能力理论包含了诸多内容，不同主体类型的审计所包含的审计能力内容不完全相同。审计能力理论随着时代的发展也在不断丰富，军队审计能力建设的研究丰富了审计能力理论的内

容。军队审计能力建设理论是军队审计建设理论的核心，完善军队审计能力建设理论的同时也丰富了军队审计建设理论体系。通过对军队审计能力建设相关概念的界定，对军队审计能力建设理论依据的系统阐述以及对军队审计能力建设构成要素及影响因素的深入分析，可以进一步夯实军队审计建设的理论基础。

第三节 文献综述

开展任何一项研究，只有清楚地把握研究的历史和现状，才能取得好的效果。军队审计能力建设研究也是如此，只有在深入探寻前人的研究成果，客观分析研究现状的基础上，才能实现新的突破。

一、关于能力理论的研究

能力建设作为一个新课题，目前研究的难点和深层次的问题恰恰就是最基本的问题——如何界定“能力”。因为对“能力”的界定关系到对能力建设内容、目标、思路，以及方式、途径和标准等根本问题的全面深入研究。

（一）“能力”的概念

《现代汉语词典》中对“能力”一词的解释是“能胜任某项任务的主观条件”[10]。《辞海》中对“能力”的解释是“完成一定活动的本领，包括完成一定活动的具体方式以及顺利完成一定活动所必需的心理特征。……能力是在人的生理素质的基础上，经过教育和培养，并在实践活动中吸取人民群众的智慧和经验而形成和发展起来的”[11]。能力，是人们十分熟悉而又争论不休的一个概念，也是人们竭力推崇而又无法完全占有的一种力量。这是由于，日常生活中的“司空见惯”，使很多人忽视了对它现实存在的理性思考；而理论学科的分界壁垒，又往往影响了对它普遍性本质的深刻揭示。因此，在实践中人们所讲的能力，常常带有各自需要和理解的印记，缺乏比较广泛的认同感。

（二）“能力”研究的多视角认识

究竟应当如何理解能力？其基本内涵应该如何界定？哲学、心理学、人类行为学、管理学以及社会学等，从不同的视角进行了讨论。

1. 哲学角度的理解

“任何真正的哲学都是自己时代的精华。”[12]从哲学的高度深入研究能力的本质，把握能力的特殊矛盾，可以突破各具体科学领域的局限，从特殊上升到普遍，从个别提高到一般。从哲学角度理解，能力是指人的内在素质的外化力量。这里的内在素质，指人本身所固有和潜藏着的各种素质的综合，他们经过训导和激发，在一定条件下可以释放出来。这里的外化力量，指内在素质的外在表现，即人本身释放出来、可以被人们感知与认识的改造客观世界的物质力量。内在素质与外化力量的有机统一，构成了能力的特殊矛盾，也揭示了能力的根本性质。通俗地说，能力是以人本身的内在素质为基础所表现出来的一种实际本领，是任何个人、团体、国家乃至社会存在与发展的现实力量。[13]可见，能力与素质密不可分。素质是人本身所存在着的各种条件，可概括为物质性素质和精神性素质，包括人的身体素质、心理素质、知识素质、思想素质、道德素质和文化素质，等等。一方面，要承认先天的基本素质是发挥某些特殊能力的优越条件；另一方面，也应该看到后天的努力可以在一定程度上弥补先天的不足，使之同样具备某种特殊的能力。人的物质性素质与精神性素质的综合统一，会在行动中转化为一定的能力。同时，素质与能力也是辩证统一的关系，素质是能力得以形成和不断发展的基础，能力的正确发挥不仅可以实现和确认人的素质，还会反过来促进人的素质进一步提高。

2. 心理学角度的理解

心理学角度对能力的研究，主要以西方心理学专家为主，能力的英文对应词为“ability”。从心理学的角度来界定能力概念，主要有三种理解：第一种是以美国心理学家H·A·奥图[14]为代表的“潜能说”，认为能力是指做一件事、要完成某种任务所需要的能。能力就是潜能，就是“人在特定情景当中无数可能行为的表现”。罗宾斯（1997）[15]认为“能力反映了个体在某一工作中完成各种任务的可能性。这是对个体能够做什么的一种现时的评估”。我国心理学家曹日昌(1980)[16]也认为“能力是为顺利完成活动而在个体经常、稳固地表现出来的心理特点”。第二种是以苏联心理学家A·B·彼得罗弗斯基[17]为代表的“动态知识技能说”，认为能力不是表现在知识、技能本身上，而是表现在掌握知识、技能的动态上，即操作的速度、深度、难度和巩固程度。第三种是以苏联学者A·A·斯米尔诺夫[18]以及我国学者叶弈乾[19]、李孝忠[20]为代表的“个性心理特征说”，认为能力是指人们成功地完成某种活动并影响活动效果的个性心理特征。

林秉贤（1985）[21]认为“能力这个个性心理特征总是和人所要完成一定活动联系在一起的”。

3. 人类行为学角度的理解

人类行为学角度认为人的能力是人的综合素质在现实行动中表现出来的、正确驾驭某种活动的现实本领、能量和熟练程度，是实现人的价值的一种有效方式，也是左右社会发展和人生命运的一种积极力量，包括体力、智力、道德力、审美能力、实践操作能力等一般能力，从事某种专业活动的特殊专业才能和为社会而奉献的创造能力。[22]能力具有八个方面的内涵：一是从能力的基础看，能力是人的综合素质在实践中的外化表现；二是从能力的一般内容组成看，能力主要包括潜能、体力、智力、情感力、意志力、精神力量、实践能力（含专业技能）、德力等；三是从能力的水平看，能力是指人驾驭各种活动的本领大小和熟练程度；四是从能力发挥的合理性看，能力是受道德和理性引导的；五是从能力发挥的效果看，能力是指人的实际工作表现及其所达到的实际成效；六是从能力发挥的载体看，能力是人在某种实际行动或现实活动中表现出来的、可以观察和确证的实际能量；七是从能力发挥的价值看，能力是实现人的价值的一种方式；八是从能力发挥的作用看，能力是左右社会发展和人生命运的一种积极力量。[23]

4. 职业开发角度的理解

从职业开发领域理解，能力的英文对应词不是“ability”应当是“competency”，是一个表示人的行为特征的概念，这一特征与他在某一工作中的效率或最优表现之间存在一种因果关系。产生于美国和加拿大著名的“能力本位教育”（CBE，Competency－Based Education ）是职业能力开发视角的代表。在能力本位教育的发展历史上，先后出现过三种不同的能力概念：行为主义（behaviourist）的能力概念、一般素质（general attributes）的能力概念和整合（holistic）的能力概念。对于这三种能力概念，澳大利亚著名职业教育专家高科兹（Gonczi）和我国华东师范大学职业教育研究所所长石伟平教授都曾经做过较为深入的剖析。[24]行为主义的能力概念把能力看成一系列孤立的行为，认为能力与完成每一项工作任务相联系，它既可以分解，也可以测量。“能力本位教育是建立在对某一职业岗位所需能力的鉴别和陈述的基础上……一般是以特定的行为化目标来陈述所鉴别出来的操作技能。随后，就按照从简单到复杂的顺序来排列这些目标，以此作为教学顺序，以帮助学生掌握这些行为目标”[25]。一般素质的能力概念是将能力视为具有普遍适应性的一般素质，认为一般素质对于有效的操作行为是很重要的，一般素质是掌握具体任务技能的基础，也是促进个体能力迁移的基础。美国工商管理领域普遍采用了这种能力观，他们通过选择一些优秀管理人才为研究对象，鉴别作为成功的管理人才所应具备的个体素质，以此为基础来确定能力标准和开发课程。[26]整合的能力概念是将一般素质与具体的工作情境结合起来的能力概念，认为能力是个体在现实的职业工作表现中体现出来的才智、知识、技能和态度的整合。美国学者盖力和波尔在《能力：定义与理论框架》[27]一书中首先提出了整合的能力概念，认为“能力是与职位或工作角色联系在一起的，胜任一定工作角色所必需的知识、技能、判断力、态度和价值观的整合就是能力。”整合的能力观在一定程度上避免了前两种能力观的局限，并能辩证地看待个体的一般素质及其在职业任务中的操作表现，将一般素质与具体工作情境联系起来，具有一定的合理性。[28]

5. 价值论角度的理解

戚书平[29]认为，“所谓能力，是指人本身所潜有的，经过激发和训导可焕发出来的改造和影响世界的力量，是人成功地从事某种活动所必须具备的各种内在力量。它是人和社会存在和发展的一种基础”。

（三）能力类型和层次的划分

1. 不同角度对能力的分类（表0-1）

表0-1　不同角度对能力的分类

分类依据	能力名称	能力释义
按能力的存在状态划分	潜能力	已经存在于人体内只是尚未转化的能力
	显能力	在一定环境下已经转化为现实的能力
按能力的社会构成划分	个体能力	个人的能力
	群体能力	一个组织、单位、部门或团体的集体能力
按能力的活动层次划分	单项能力	某种片面发展了的特定能力
	综合能力	比较全面发展着的整体能力
按能力的适应范围划分	认知能力	学习、认识和把握事物的水平
	创新能力	在实践基础上改造旧事物和创造新事物的本领
按能力的揭示内容划分	思维能力	思考问题的办法、途径和结果
	实践能力	将思想变为行动的操作能力

续表

<table>
<tr><th>分类依据</th><th>能力名称</th><th>能力释义</th></tr>
<tr><td rowspan="2">按能力的实现性质划分</td><td>正价值能力</td><td>对人和事物存在及发展起促进作用的能力</td></tr>
<tr><td>负价值能力</td><td>对人和事物发展起阻滞甚至破坏作用的能力</td></tr>
<tr><td rowspan="3">按能力的释放过程划分</td><td>初始能力</td><td rowspan="3">分别是指能力初露锋芒、发挥到极致、消耗殆尽等不同阶段，反映了能力特别是某一具体能力的辩证发展状况</td></tr>
<tr><td>鼎盛能力</td></tr>
<tr><td>终结能力</td></tr>
</table>

2. 现有理论对能力层次的划分

从层次上看，存在组织层面的能力和个人层面的能力。组织层面能力的界定源自于 Prahalad 和 Hamel 两位学者，他们将其称为核心能力，认为核心能力是组织竞争优势的源泉。

（1）目前关于组织层面的能力研究多表现为企业能力理论的研究，包括资源基础论、核心能力理论、动态能力理论和知识基础理论。

英国学者 Penrose（1959）[30] 所倡导的企业内在成长论认为，由于各个企业资源具有差异性而不能完全流动导致的企业资源稀缺性是使企业能够赢得利润与竞争优势的主要原因。他从企业内所拥有的稀缺资源出发来说明企业优势能力的形成，强调通过企业内部的资源积累来创造竞争优势。Wernerfelt（1984）[31] 在美国《战略管理杂志》上发表《企业资源学说》，提出企业资源基础论的观点，指出企业内部资源对企业获利并获取竞争优势的战略价值。认为企业内部的组织能力、资源和知识的积累是解释企业获得超额收益、保持竞争优势的关键。Barney（1991）[32] 认为企业竞争优势来自其所拥有的战略相关资源，只有能够促进企业实现持续竞争优势的资源才是企业的"战略性资源"，这种资源应该具有四个特性，即有价值的、稀少的、难于模仿的、不可替代的，并在 2001 年对建立的分析框架做了修改完善。[33] 资源基础论很好地揭示了资源与能力的关系，从组织层面上看，资源的稀缺性是能力形成的重要来源，资源的积累创造了竞争优势，形成了组织的能力。不同组织所拥有资源的战略价值不同，组织所体现出的能力就会有所不同。

C. K. Prahald 和 Gary Hamel（1990）在《哈佛商业评论》发表《The Core

Competence of the Corporation》[34]一文，比较了美国 GTE 与日本 NEC 两家公司的差异，指出企业在本质上是一个能力体系，并且定义了核心竞争力是组织中如何协调不同的生产技能和有机结合多种技术流派的积累性学识。Leonard – Barton (1992)[35]采用核心能力的概念对企业的产品开发进行研究，把核心能力定义为区别并提供竞争优势的知识集合，并且认为企业的研发活动与自己的核心能力是相互作用的。

Teece，Pisano 和 Shune （1997）[36]认为，“动态能力是指企业整合、建立、重构企业内外部，以便适应快速变化的环境的能力”，为适应不断变化的市场环境，企业必须具有不断更新自身能力的能力。Kathleen （2000）[37]则认为动态能力是可以确认的明确的常规管理或者流程，动态能力应包括：整合资源的动态能力、重在重新配置资源的动态能力及获取和让渡资源有关的动态能力。Suhha 和 Narasimha (2001)[38]认为动态能力是一种产生多样化业务的知识特性。借鉴生物学的基本原理，即免疫系统具有一种识别抗原多样性并在需要时产生相应抗体的能力，从而使人体有能力应对生物环境，提出动态能力是产生多样化业务的知识特性。动态能力理论提供了组织层面能力建设的又一个思路，就是通过形成一个动态的机制来不断优化组合组织内的各种资源，以保持各种能力能够源源不断地得到更新和加强，形成最大效果的能力。

Allee （1997）[39]提出了核心知识能力和核心运作能力的概念，认为这两种能力是鉴别企业优势的、截然不同但密切相关的两个方面。Zollo 和 Winter (2002)[40]从组织知识演化的角度进一步探讨组织知识的学习机制，把企业能力视为公司的经验性知识，认为其是在以系统和预见的方式管理公司业务的过程中积累起来的。他们还提出“企业能力产生于隐性经验的积累、显性知识的明确化和知识编码活动的协同进化”。可以说资源基础论和核心能力论最终都要走到知识理论这一轨道。知识基础理论认为更新知识是保持竞争优势的关键，一个组织的能力不仅依靠当前组织所拥有的知识效能，还要从不断获取未来知识的角度出发，来提升组织的能力水平。

在组织能力构成的划分上，至少应当包括核心能力，即组织完成主要任务所必备的专业技能；管理能力，即组织对组织内成员、资源以及改善外部环境的管理本领；创新能力，即组织为了生存发展并取得竞争优势而新开发的本领。

（2）与组织核心能力相应的是个人能力。20 世纪 20 年代泰勒的科学管理思想[41]是最早可以回溯到的基于“能力”的人力资源管理方法的思想。泰勒认为在组织中构建理性、技术性的管理系统应成为管理的中心任务。[42]他主张通过“动作和时间分析”研究工人之间的业绩差异，确认形成工人能力的原因，并将他们标准化，然后根据这些标准对工人进行系统培训，进而提高工人的个人绩效和组织绩效。[43]而最早对个人能力正式进行开创性系统研究工作的则是哈佛大学心理学教授麦克米兰（McClelland）[44]，他认为传统的学术性考试无法预测工作业绩和生活中的成功，主张抛弃传统形式的评估，重新寻找其他能够预测成功并不存在偏差的变量。他的开创性工作像一粒种子，对随后兴起的“能力运动”①产生了巨大影响。Burgoyne（1993）所倡导的能力运动的出发点是为了使教育、培训和发展活动同工作具有更大的相关性。[45]不同领域中的学者根据本领域研究的需要，从不同的研究视角来阐述、研究能力，大体可以用三个维度来描述能力运动中的研究视角，即微观/宏观、理论/实践、技术/政治。

当前在界定个人能力方面仍存在很多争论。对个体能力构成的划分，由于划分的方法和角度不同，理论上远未达成一致，主要包括以下几种观点：Sandwith（1993）[46]根据能力性质的差异，将能力分为五类，即概念能力、领导能力、人际能力、行政能力和技术能力。Swan（2000）[47]在分析优秀职业人员的能力时，将能力划分为三大类：人际能力、认知能力和内在能力。人际能力主要包括关系构建、融合他人、影响他人和协商能力；认知能力包括信息收集、抽象思维、分析思维和计划能力；内在能力包括成就导向、毅力、客观和自我控制的能力。Cheetham 和 Chivers（1996）[48]认为职业能力由五类相互联系的能力构成，它们分别是元能力、知识/认知能力、职能能力、行为能力以及价值道德能力，其中元能力是联系其他四类能力的桥梁。Sparrow 和 Hiltrop（1994）[49]认为能力可以分为行为能力、管理能力和核心能力三类。Devisch（1998）[50]将能力划分为核心能力、职能能力和特殊能力三类。Kuijipers（2000）[51]从更宽的角度，认为能力通常由三个层次构成，即通用的工作能力、学习能力和与职业相关的能力。Kanungo 和 Misra（1992）[52]在研究管理人员的能力时，认为管理能力由三种基本能

① 能力运动是指在相关职业和工作情境中如何组织教育、培训和发展活动的一系列理念和实践。

力构成：情感能力、智力能力和行为能力。Hunt 和 Wallace（1998）[53]认为管理能力由六类关键子能力构成，即战略管理能力，领导和团队构建能力，组织和环境意识能力，解决问题和决策能力，政治、劝说和影响能力，行政和运作管理能力。

在个人能力构成的划分上，至少应当包括基础能力，即知识积累、运用的本领；核心能力，即个人职业职责要求应当具备的技能；人际能力，即作为组织中的个体应当具备的交流、沟通、领导或协作的本领。

二、关于能力建设的研究

国内外关于能力建设的研究主要包括：一是关于国家发展能力的研究，针对发展中国家基本发展能力不足，从外界进行援助的角度来谈能力建设。二是对党的执政能力建设进行全方位的研究，探讨和分析我党执政能力建设的目标、环境、步骤、渠道、路径、方式等内容。三是针对某一领域的部门或人员特定能力的研究，例如大学生适应社会能力的研究、公务员能力建设研究、基层政府机构和部门能力建设研究，还有军事指挥军官军事能力研究等。总体来说，目前国内外对这个问题的研究还只是开始，取得的一些零星成果还不够深入和系统。

（一）能力建设的含义与核心

1992 年，联合国在巴西里约热内卢召开的环境与发展首脑会议上，通过了著名的《21 世纪议程》（Agenda 21）[54]，首次提出了“人力资源开发和能力建设”的任务，指出能力建设是个人、组织、机构和社会建设能力以履行职责、解决问题来确定和实现目标的进程。因此，必须在个人、机构和社会三者相互关联的水平上加以处理。[55]杨世文、雷鸣[56]认为，“能力建设”是由“能力”和“建设”两个相互独立又相互联系的关键词组成。能力是主体体力和智力的总和，是具有一定素质的社会主体从事对象性活动的内在可能性及实际本领，是主体的综合素质或内在本质力量的外化活动和水平体现。这里讲的“建设”，既有空间上的“建造、设立”之意，如教育设施的建造、能本管理制度的设立等，也有时间上的“持久”意义，如终身教育、终身学习；既有外在意义，如教育、培养、配置、使用、管理和激励等一系列相关活动，也有内在意义，如主体自我学习、自我教育、自我提高、自我完善的修养活动。基于上述对“能力”和“建设”

的理解，能力建设就是指各级各类主体（国家、社区、组织、家庭等）为了开发人的潜能，进而促进社会和人的全面发展而展开的能力教育、培养、配置、使用、管理和激励的活动过程，以及作为主体的人在此作用下树立能力价值观，养成能力型人格，增强能力素质，不断提高和完善自己能力的过程。

由于具有一定素质的“主体”（能力的承担者）和“主体对象化活动的现实展开”（能力发挥和实现的中介），是影响和制约主体能力发挥与实现的两个重要因素，所以能力建设就是通过对能力人的培育、能力型组织的塑造和对人的能力充分正确发挥所赖以进行的社会条件的改造，来开发组织和个人自身的潜能，激发其创造性，使组织和个人能够依靠自身的努力而获得认识世界和改造世界的力量。因此，能力建设既是一种提高人的能力素质的主体建设又是一种有利于人的能力充分正确发挥和提高的社会环境的客体建设。具体来说，能力建设的内容主要包括：一是个体的自我生存和发展能力建设。能力建设不仅在于知识和技能的培养，更着眼于个体素质的提高；不仅在于降低人的能力的脆弱性，还在于个体内在能力要素的增长，以及个体内在能力要素之间和外部要素之间的相互协调与动态平衡。二是为个体能力建设而开展活动的组织机构适应变化的能力建设，如通过机构或职能的重新设置，采用新的管理方式和手段等来适应变化的能力。三是为个体或组织提供发展的环境建设，如政策环境、社会环境和自然环境等。由于作为主体的人既是能力建设的主体又是能力建设的客体，个体的自我生存和发展能力是能力建设的出发点和归宿，因此能力建设的核心是人自身的能力建设。[57]

（二）能力建设的内容

关于能力建设内容，学者们站在不同的视角提出了许多不同的观点。韩庆祥[58]认为能力建设应包括以下主要内容：一是发掘每个人的潜能；二是合理配置人力资源；三是培育人的创新能力；四是善待有一定素质的“能人”；五是凝聚社会一切积极力量。雷鸣[59]认为人的能力建设具有时间和空间、纵向和横向两个维度。从时间、纵向的角度来说，能力建设是一个从潜能到显能、从片面到全面、从小到大、从无到有、从不健全到健全的过程，即发掘人的能力、发展人的能力、提高人的能力、培育人的能力、完善人的能力。从空间、横向的角度来说，能力建设重点是一般能力建设。主体的一般能力建设主要包括：学习能力建设、认识能力建设、判断能力建设、选择能力建设、决策能力建设和实践能力建设。霍连明[60]认为能力建设应当包括培育能力、使用能力、发展能力、评价能力和激发能力全过程。

（三）能力建设的特征与规律

能力建设具有如下特征：第一，系统性。能力建设不仅涉及人力、科学、技术、文化、资源、组织等方面，还包括体制改革和环境营造等内容。它要求我们必须以全面、系统、持续的观点来对待能力建设，而不能只看到近期的或局部的方面。第二，多样性。能力建设不仅注重增强人的能力水平，也重视降低人的脆弱性程度；不仅注重人的一般能力的提升，也重视人的潜在能力的挖掘和特殊能力的培养；不仅注重个体能力的提高，也重视一个国家、社会、组织能力的扩展。第三，人文性。马克思主义哲学认为，对人的尊重的基础是增强和充分发挥人的潜在能力。因为这些能力一旦释放出来，就能使人有一定程度的选择和意志自由，就能进行创新，从而开启改善自己和人类命运的各种可能性。因此，能力建设不仅仅是进行具体技能方面的训练，更重要的是要唤醒对人类生活前景的认识或者说培养人的理想和人性意识，最终实现人的自由和解放。[61]

能力建设具有自己的一般规律，这种规律是在能力建设过程中通过对内在联系的把握揭示出来的。它包括五大规律，即与时俱进规律，依赖于个人对社会物质生活条件占有的规律，“为”和“位”的因果规律，市场运作方式规律，岗能配置规律。当前，我国进行能力建设的目标主要包括：发掘人的潜在能力，增强人的学习能力，培育人的创新能力，提高人的专业技能，完善人的交往能力，培养恪守制度和规范的能力，提高驾驭市场经济的能力等。[62]

（四）能力建设的途径与方式

能力建设重在形成机制、健全机制，这是加强能力建设的根本途径。[63]戚鲁[64]认为能力建设的途径与方式，首先是建立能力开发机制，把规划与测评、培养与管理作为能力开发的主要环节，把人的潜能开发、智力开发和人的创新能力开发作为能力开发的主要内容。其次是建立能力使用机制，形成凭能力进人的用工机制，依德才选拔的用人机制和以“能级制”为核心的能级与岗级、能级与职级相配置的能力使用机制。再次是建立能力激励机制，使能级与资级相适应，做到能者有其资；能级与待遇相匹配，做到能者有其享。

雷鸣[65]认为能力建设创新包括九个方面的内容：一是制度创新，确立以人的能力为本的制度体系；二是体制创新，推进市场经济体制建设；三是机制创新，建立和完善能力的开发、使用和激励机制；四是组织创新，建立能力型组织；五是管理创新，实行能本管理；六是交往创新，促进社会合理流动和加强国际交流与合作；七是学习创新，建立学习型社会；八是培训创新，注重人力资本投资；九是教育创新，推进素质教育。

能力建设的概念、内涵、内容、规律、途径及方式等基础性研究给军队审计能力建设研究带来了启示。通过对能力建设概念的解析，可以归纳出能力建设的出发点和归宿点都是“人”，能力建设的各级各类主体都是围绕“人”这个载体开展能力建设活动的。能力建设的主要途径是通过建立制度、形成机制、整合人力和与人有关的其他资源来发掘、培养、塑造能力，通过开展能力评价，了解能力建设的成效、指导能力建设活动。

三、关于审计能力建设的研究

从国内相关研究成果来看，检索 CNKI（中国期刊全文数据库 www. cnki. net）2000—2011 年所有期刊，以“审计能力”篇名为条件，有 35 篇文献和 66 篇报纸报道；以“审计能力建设”篇名为条件，有 5 篇文献和 5 篇报纸报道。检索维普（中文科技期刊数据库 www. cqvip. com）2000—2010 年所有期刊，以“审计能力”篇名为条件，有 111 篇文献；以“审计能力建设”篇名为条件，有 6 篇文献。

（一）国家审计、社会审计和内部审计能力建设的研究

国家审计、社会审计和内部审计能力建设理论层次的研究多是针对审计能力的构成要素以及影响审计能力发挥的因素进行的分析，并就如何改善审计能力的发挥提出了一些对策。

目前讨论审计能力概念的研究文献多是集中在政府审计领域，吴秋生[66]认为“政府审计能力是指政府审计机关及其人员履行审计职责，发挥审计作用的能力。政府审计能力的构成要素包括能够审计哪些事项的能力、能够对审计事项的审查结果审查到什么程度即达到什么目标层次的能力，对审计事项的审计结果能够做怎样的报告的能力”。

李金华曾在全国审计工作会议上的报告[67]中重点提到如何全面提高审计能力，推动审计工作向更高的水平发展。他指出："提升以科学发展观指导审计发展的能力，必须坚持以人为本，以提高审计干部的能力和素质为核心，以加强审计机关自身建设为基础，从而提高审计队伍的整体战斗力和科学发展能力。要重点加强以下几项工作：一是要推进社会主义核心价值体系建设，充分激发审计队伍的创造力、凝聚力和战斗力。二是要加强以实战为重点的能力建设，全面提高审计干部队伍素质。三是要加强审计规范化和科学化建设，提高审计管理水平。四是要不断提高审计工作的开放度和公开透明度，创造和谐的发展环境。"

陈新国、刘孝文的《影响审计能力的因素及对策》[68]从审计技术、审计人员素质、审计时间和审计费用四个方面对审计能力的影响进行了因素分析，为了不断提高审计能力，缩小审计期望值，作者认为在理论研究方面，审计模式、方法和技术要不断创新；在审计实践过程中，正确处理成本与效益之间的关系；在人才培养上，努力提高审计人员的综合素质。

刘莉莉的《论政府审计能力及其影响因素》[69]将影响政府审计能力的因素归结为政治、经济、法律、科技、文化、管理六个方面。

黄莺的《审计人才评价与分级的能力模型：一项探索性研究》[70]一文，结合审计人才的特点，在对审计岗位进行分析的基础上，建立了审计人才能力评价体系和审计业务人员能力等级管理制度，制定了符合审计工作特点的职位能力等级标准，为审计人才的选拔、培养、使用、考核等提供了科学依据，具有重要的理论价值和现实意义。作者通过访谈和问卷调查的形式完成调研，经过专家讨论，确定了问卷调查的内容，包括 27 项指标：宏观思维能力、对政策法规的理解运用能力、综合分析能力、团队合作能力、组织协调能力、财会审计专业知识与能力、所审计专业领域的知识与能力、语言文字表达能力、信息技术能力、学习能力、责任心、归纳总结能力、计划能力、数据收集能力、逻辑思维能力、判断决策能力、执行能力、高压力高强度下工作的心理调适能力、领悟能力、创新能力、激励下属的能力、良好的个人品质和职业道德、细致严谨、事业心与工作热情、领导意愿、学习的动力与热情以及团队培养能力。通过精简模型，将 27 项胜任能力精简为四项因子：审计领导才能、审计工作能力、审计人才特质以及审计基础能力。最终得出结论：对于一名审计人员来说，无论是从事基础性审计工作，还是审计业务的领导，首先都应该具备良好的个人品质和职业道德、责任心和工作热情，这是做好一切工作的基础。其次，作为专业技术部门的工作人员，审计基础能力是工作质量的保证，审计业务能力可以在不断的审计实践过程中积累发展。当到达一定级别的时候，具有较高水平审计领导能力的审计人才将会成为大型项目、行业项目的审计组长乃至权威型审计专家。

晨曦的《中国大陆与香港内部审计能力与需求调查》[71]介绍了甫瀚公司在中国大陆和香港地区组织的调查，受访者中包括首席审计执行官、审计总监、审计经理和其他内部审计人员。调查主要围绕一般技术知识、审计流程知识以及个人技能和能力三个问题展开，并列出了内部审计人员认为当前需要改进的领域。调查发现：（1）一般技术知识能力普遍偏低，除了税收法规以外，其他各项能力得分均很低。尽管舞弊风险管理、企业风险管理和 COSO 企业风险管理框架①三个领域的平均能力水平相对较高，但最需要进行改进的仍然是一般技术知识领域。首席审计执行官的能力高于资历较浅的受访者。中国大陆和香港地区在一般技术知识的能力和需求方面存在明显差异。随着信息系统和技术在企业日常业务操作和内部控制管理的广泛应用，较为薄弱的信息技术知识能力不能满足企业信息系统和技术日益发展的需要，因而也被认为是最需要改进的领域。（2）审计流程方面，信息技术审计——程序开发、连续性、变更控制、计算机操作和安全是内部审计专业人员最关心的问题。由于内部审计人员越来越期望利用计算机辅助审计工具来应对日益复杂和庞大的数据分析工作，因此，计算机辅助审计工具成为内部审计专业人员最需要改进的领域。首席审计执行官们也特别指出信息技术审计是他们的薄弱环节。香港地区在审计流程知识方面的能力水平明显高于大陆地区。在受访者看来，信息技术审计是最大的挑战，位于前列的均为信息技术领域的审计流程知识，他们一致认为信息技术是其能力水平最低，最需要改进的领域。所有行业和所有规模的企业都感受到了这种挑战。另外，计算机辅助审计

① COSO 全称为“发起机构委员会”（Committee of Sponsoring Organizations）。它是一个自愿性质的私营机构，致力于通过商业伦理、有效的内部控制和公司治理来提高财务报告的质量。2004 年 4 月，美国 COSO 委员会在《内部控制整体框架》的基础上，结合《萨班斯－奥克斯利法案》在报告方面的要求，同时吸收各方面风险管理研究成果，颁发了《企业风险管理框架》，旨在为各国的企业风险管理提供一个统一术语与概念体系的全面的应用指南。

工具有效地提高了审计工作的效率，大大节省了审计工作的人工成本，因而也成为受访者自身的迫切需求。（3）在个人技能和能力方面，谈判能力是最需要改进的领域，而书面沟通能力和员工指导能力水平相对较高。发展与董事会其他委员会的关系和发展与审计委员会的关系是平均能力水平最低的两个领域，但并非亟待改进的领域。其他最需要改进的领域，除了建立外部联系、网络、演讲、领导能力等沟通互动能力外，战略性思考也被认为是薄弱的能力领域。就个人技能和能力的所有领域来看，其总体能力水平高于一般技术知识和审计流程知识这两个部分。

国家审计、社会审计和内部审计能力的研究注重从审计能力的定义出发，深入剖析能力构成及其层次体系、能力的影响因素以及当前对能力的需求和提升能力的途径，这些都对军队审计能力建设研究打下了基础、拓展了思路。

（二）军队审计能力建设的研究

有关军队审计能力建设的文献较少，从文献数量和研究内容上可以发现，军队审计能力建设的研究还未形成体系，根据军队审计能力需求的阶段性、差异性等特点，某一时期对某项审计能力的研究成果比较集中。

解放军审计署原审计长阮志柏同志曾在总后机关和直属单位党委书记座谈会上发言指出，“能力建设的总体目标，就是把审计署建设成为一个高素质的优秀集体，使党员干部成为贯彻落实科学发展观的坚定实践者；明确提出了能力建设的具体内容，就是着力提高战略思维、领会意图、分析总结、统筹协调、改革创新五种能力；明确提出了能力建设的基本要求，就是在全署上下大力倡导刻苦学习、顾全大局、淡泊名利、埋头实干、严格自律五种风气。围绕能力建设的目标、内容和要求，我们立足现实、积极实践，坚持从学、研、带、评、建五个基本途径入手，着力提高党员干部贯彻落实科学发展观的本领”。[72]

王孝贵[73]认为，军队审计机关切实贯彻落实科学发展观，就是要在加强能力建设上下功夫。加强能力建设，是关乎审计队伍整体素质的战略性工程，是关乎审计成效、质量和水平的基础性工程，必须抓紧抓好，抓出成效。要加强审计能力建设，必须在解决好“为什么”建设、“怎么样”建设上下功夫。加强审计能力建设，一是要以科学发展观和科学审计理念为指导。二是要以提升审计监督成效、质量和水平，提高审计队伍综合能力为根本目标。三是要以提高审计实战能力为重要内容。四是要以建立标准、科学规划、系统培养、提高能力为重要原则。五是要以骨干带动、整体跟进、形成组合为重要方法。六是要坚持有组织的培养与调动审计人员的能动性相结合，以创造条件、营造氛围为重要条件。七是要以有效激励、动态管理、制度保证为重要保障。

张与国、陈诗春[74]认为，“军队审计能力建设要注重四个方面的提高，一是提高学习能力，打牢履行职能使命的坚实基础；二是提高创新能力，不断改进审计方式方法和审计手段；三是提高协调能力，圆满完成各项审计任务；四是提高服务能力，促进各项经济法规和审计结论落到实处”。

王祥根、邓祥贵[75]认为，“军队审计人员应具备的素质应当包括坚定的政治思想、高尚的道德品质、全面的业务知识以及较强的工作能力”。

张守普[76]指出，“审计人员需要努力培养与科学发展观相适应的能力素质，审计队伍建设的核心是提高审计人员素质。一是坚持把提高思想政治素质摆在首位；二是要坚持把岗位实践锻炼作为主要平台；三是要坚持把建立完善培养机制作为重要举措”。

王文吉[77]在谈到审计专业训练要增强实践能力时，特别提到了审计干部依法施审、科学管审、廉洁从审的能力，发现问题、分析问题、解决问题的能力，沟通协调、出谋划策、开拓创新的能力。

研读军队审计能力建设的相关文献资料，可以发现军队审计能力建设研究往往与军队审计人才队伍建设研究相结合，更加注重审计人员审计能力的建设；对能力建设的必要性已经提出了明确的观点，目前更多是围绕如何加强军队审计能力建设展开的研究，研究内容主要包括军队审计能力的构成、影响因素、建设方法、建设途径等。

第四节　基本思路和研究方法

一、基本思路

论文分为导论、正文和结论三个部分，正文部分沿“理论分析——实践研究——对策建议”的思路展开，共分为八章，其中第一章为理论分析，第二章、

第三章为历史回顾、现状分析和经验借鉴，第四章总体构想，第五章至第八章为具体对策建议。

导论部分。开宗明义阐述论文的选题背景和研究意义，对研究现状进行评述，明确论文的写作方法与写作思路。

第一章为军队审计能力建设的理论分析。一是界定了军队审计能力建设的相关概念；二是研究了军队审计能力的构成要素；三是分析了军队审计能力影响因素；四是阐述了军队审计能力建设的理论基础。

第二章为军队审计能力建设的历史回顾与现状分析。本章从个体能力和组织能力两方面介绍不同历史阶段军队审计能力建设的概况以及军队审计能力建设取得的主要成就，指出了军队审计能力建设面临的困难，并分析原因。

第三章为我国国家审计与外国审计能力建设的做法与启示。本章介绍国家审计能力建设以及外国审计能力建设的概况，并归纳了他们各自建设的特点，在此基础上提出对我军审计能力建设的启示。

第四章为军队审计能力建设的总体构想。本章作为论文承上启下的一章，在理论分析、现状分析和总结历史经验教训以及国内外审计先进做法的基础上，提出了军队审计能力建设的目标、原则、思路和途径。

第五章为建立健全能力建设制度。重点阐述了构建审计能力本位制度、完善审计科研训练制度、健全廉洁审计制度等内容，以保证审计能力的有效发挥。

第六章为不断完善能力建设机制。主要包括强化审计行为约束机制和改进能力激励机制，有效保障了审计能力建设的高效运行。

第七章为有效整合军队审计资源。本章首先分析了审计能力建设与审计资源的供需关系，在此基础上提出整合审计人力资源、审计信息资源和审计技术资源的基本举措。

第八章为科学实施审计能力评价。首先，明确了军队审计能力评价的原则与作用；其次，构建了军队审计能力评价指标体系；再次，运用层次分析法并利用 Mathematica 数学工具确定评价指标的权重；然后，运用模糊综合评价法对审计能力进行评价；最后，通过实证分析检验评价方法的可行性。

结论部分。总结了本论文的研究成果、主要贡献以及论文的不足之处，并对论文的研究前景进行展望。

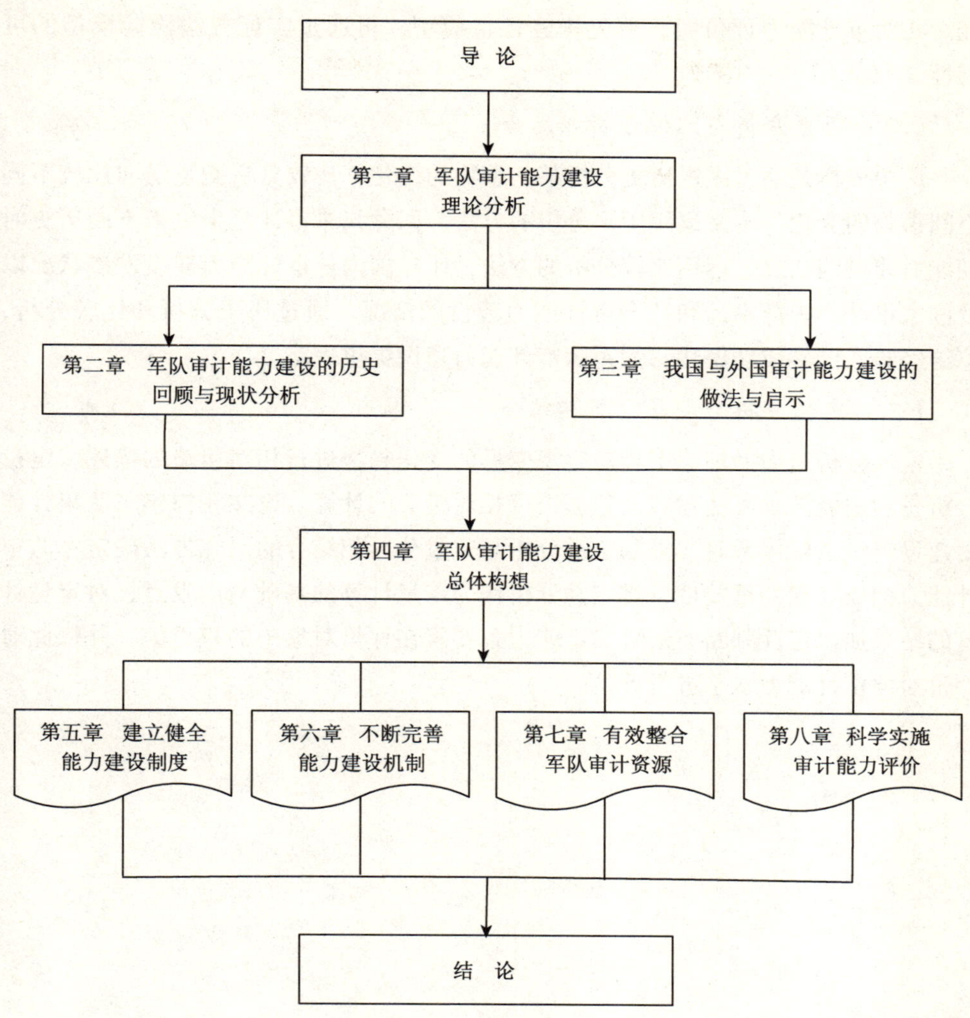

二、研究方法

（一）规范分析与实证分析相结合

规范分析说明事物“应该是什么样”，实证分析说明事物“是怎么样”，科学的方法论离不开二者的综合运用。本文从实证分析的角度分析军队审计能力建设的现状，国家审计和外国审计能力建设的概况，并从规范分析的角度论述军队审计能力建设的基本理论，二者结合提出军队审计能力建设的基本构想和建设途径。在对审计能力评价时，首先构建评价模型，再通过实证方法检验模型的可行性。

（二）历史分析与比较分析相结合

历史分析是通过纵观历史分析某一事物的变化，比较分析侧重横向比较不同空间事物的变化。本文运用历史分析的方法，回顾我军审计产生以来不同历史时期能力建设的状况；运用比较分析的方法，比较国内外审计能力建设发展状况以及国家审计、内部审计和社会审计能力建设的情况。通过历史分析和比较分析，总结经验、借鉴成功做法，为军队审计能力建设提供思路。

（三）定性分析与定量分析相结合

定性分析是借助理论工具对客观变量的变化趋势进行相对粗略的描述，定量分析是利用经济学方法对客观数据进行相对精确的计算。论文在构建军队审计能力建设评价指标体系时，采取定性分析与定量分析相结合的研究方法确定军队审计能力构成要素的重要性，将定性分析作为定量计算的基础与出发点，对定量计算的结果加以定性判断，最终确定能力各要素在评价对象中的权重值，并依此对评价对象审计能力水平进行评价。

第一章　军队审计能力建设理论分析

第一节　军队审计能力建设概念解析

概念是研究问题的基础，要把一个问题研究清楚，首先要清楚“它是什么”，然后才能进一步研究解决“怎么办”。任何理论的研究，都必须从界定和澄清概念着手，在研究军队审计能力建设之前，同样应该就有关概念进行剖析和界定，这个工作既是军队审计能力建设的基础，同时概念本身也是研究工作的一个重要组成部分。

一、军队审计能力的概念

论文的文献综述部分已经就能力和审计能力的相关概念进行了介绍，对军队审计能力概念的界定提供了很好的借鉴。军队审计能力是指军队审计人员和组织履行审计职责，发挥审计作用的本领、能量和熟练程度的综合。从审计本质来看，审计是独立性的经济监督活动，独立性体现在组织、人员、工作和经费方面独立于审计对象，要能够独立行使审计监督权，不受其他组织和个人干涉，确保审计的客观公正。从军队审计职能来看，军队审计具有经济监督、评价和鉴证职能，这就要求审计主体具备了解审计对象经济活动真相，得出审计对象经济活动真实、合法、合规结论，肯定审计对象成绩、发现问题、得出评价结果的能力。从军队建设对审计工作的需求来看，审计工作应当成为军队的“经济卫士”，能够提供高质量的审计服务，能够拿大主意、当大参谋、出大成果，这就要求审计主体具备从普遍问题中查找根本性问题、提出问题解决方法、报告审计问题的能力。

根据审计本质、军队审计职能以及军队建设对审计工作的需求分析来看，军队审计能力的内涵特指能力主体发现问题、分析问题、解决问题和报告问题这四个核心能力。发现问题的能力，是指从烦琐的审计资料中发现审计线索，并利用各种途径取得审计证据的能力；分析问题的能力，是指分析和鉴别审计证据真实性、有用性、相关性和合理性的能力；解决问题的能力，是指依据相关规定和标准定性审计问题，提出合理审计建议，与审计对象沟通协调、协商解决问题的能力；报告问题的能力，是指在审计报告中客观准确表述审计事项情况，与审计对象交换审计意见的能力。

定义提到的审计职责，主要包括审计事项范围、审计目标层次和审计报告要求三个方面的内容。将审计能力与军队审计工作情境结合起来，与审计职责相对应，军队审计能力应当包括能够对哪些事项进行审计的能力、能够对审计事项审计到何种程度的能力以及对审计结果能够作出怎样报告的能力。由此衍生出军队审计能力的外延，是指军队审计人员和审计组织胜任军队审计工作角色所必需的体力、智力、德力、情感力、实践本领等能力要素的整合；是整体能力的范畴，不仅包括审计人员的知识、经验、身体素质、业务技能、人际交往能力等内容，也涉及审计组织的审计实施能力、审计管理能力以及审计创新能力等内容。本论文从军队审计能力建设的外延出发，将军队审计能力划分为个体层次的军队审计人员审计能力和组织层次的军队审计组织审计能力，并开展较深入的研究。

二、军队审计能力相关概念辨析

（一）军队审计能力与军队审计力量

军队审计能力既有“质”的内涵，也有“量”的特征；“质”体现的是能力的大小，而“量”侧重表示劳动能力数量多少。军队审计力量更多的是从“量”的角度体现审计能力，主要是指审计人员、审计组织的数量，从军队审计编制体制的角度来看审计能力的大小。军队审计能力，更强调审计人员和审计组织自身所能体现和贡献出的能力“质”的效果，审计力量的大小对审计能力的效果具有一定的影响。从这个角度来看，军队审计能力是军队审计力量“质”的内涵，军队审计力量则是军队审计能力“型”的外在表现。

（二）军队审计能力与军队审计人力资源

军队审计人力资源是指在一定区域范围内，可以被军事管理者用来独立监督军事经济活动和实现军事经济安全运行目标的体力、智能与心力等人力因素的总和及其形成基础，包括知识、专业技能、品性与生理素质等。[78]可以看出，军队审计人力资源是从人员个体和群体这一主体因素出发，特指审计组织所具有的劳动能力的总和，强调劳动力人的数量和结构。而军队审计能力，既包括审计主体中的审计个体和审计组织两个层面的能力构成，还受到个体能力、审计技术、组织结构、管理效能和审计环境等因素的影响。军队审计能力是军队审计人力资源的核心，审计人力资源是军队审计能力在个体层次的载体。

三、军队审计能力建设的基本内涵

基于文献综述部分对审计能力建设的分析以及军队审计能力的定义，本文所研究的军队审计能力建设是指，军队审计能力建设主体对军队审计能力构成要素以及军队审计能力影响因素进行的能力开发、培育、运用与评价的活动过程。

（一）军队审计能力建设的主体

军队审计能力建设的主体包括军队单位以及军队审计组织和军队审计人员三部分。其中，军队审计人员和审计组织既是能力建设主体，又是建设客体，体现了自身能力建设的思想。第一，军队单位是军队审计能力建设的外部主体，军队单位根据需要，对本单位审计组织和人员能力水平提出加强建设的要求及措施，体现了单位党委首长对审计工作的重视、关怀和责任，发挥了军队审计能力建设行政手段的强制作用。第二，审计组织是审计能力建设的重要主体，在审计能力建设中发挥着重要的作用，包括军队审计系统开展的审计组织能力建设活动，上级审计组织对下级审计组织进行的能力建设，以及审计组织对内部人员进行的能力建设三种情况。第三，军队审计人员是军队审计能力建设的基础主体，是审计能力建设的起点，军队审计能力建设离不开审计人员的参与，审计人员不是独立的存在，其能力的大小也直接影响审计组织和本单位审计能力的水平。

（二）军队审计能力建设的对象

本论文所研究的军队审计能力建设对象，包括军队审计能力构成要素以及军队审计能力影响因素两方面的内容。军队审计能力构成要素划分为审计人员和审计组织两级能力构成层次，包括军队审计人员基础能力、专业技能、交际能力和军队审计组织审计实施能力、审计管理能力、审计创新能力。军队审计能力影响因素包括个体能力、审计技术、组织结构、管理效能和审计环境等内容。其中，军队审计人员的审计能力既是军队审计能力的组成部分，也是影响军队审计组织整体能力的要素。军队审计能力建设影响因素中的环境因素是客观存在的，对其实施建设活动是指对影响审计能力发挥的环境进行优化和改造活动，目的是形成有利于审计能力发挥和建设的客观条件。

第二节　军队审计能力构成

军队审计能力构成是指形成军队审计整体能力的不同层次、不同内容能力的组合。由于军队审计人员和军队审计组织是军队审计能力所依托的个人层面和组织层面的两级主体，也是军队审计行为的主要执行者，本文所研究的军队审计能力的构成，就集中于个体层次的审计人员的审计能力构成和组织层次的审计组织的审计能力构成。

一、军队审计人员审计能力构成

本文所说的军队审计人员是指担负、执行军队审计任务，独立行使审计职权的人员，包括：按照军队干部管理权限任命、按编制编配的军队审计人员，临时借调参与审计活动的军队非审计专业技术人员，临时聘用的参与审计活动的地方专业技术人员等。军队审计人员的主要任务包括：按照审计部门的分工及安排完成好审计监督工作；带领或参与审计组工作、履行好审计职责；获取完成审计职责所必需的知识；从事审计科研活动；积累审计工作经验。个体层次的军队审计人员审计能力包括基础能力、专业技能和交际能力三个方面的内容。其中，基础能力是通用能力，主要是衡量审计人员实现自身发展、提升基本素质的能力；专业技能是核心能力，是衡量审计人员综合运用审计知识和技能，完成审计工作的能力；交际能力是特殊能力，是衡量审计人员参与审计工作、适应工作环境与角色的能力。根据对审计能力的界定以及审计人员工作的主要内容，可以将军队审计人员审计能力（表 1－1）构成划分为基础能力、专业技能和交际能力三个层次。

表 1－1　军队审计人员审计能力的构成

构成		要素	内涵
军队审计人员审计能力	基础能力	知识	审计基本理论、方法、技能等审计基础知识；财务、基建、装备等相关领域业务知识；审计法律法规知识和对执法能力要求等方面的知识；信息技术、外语等通用性较强知识，以及其他相关领域知识的发展动态。
		科研能力	善于学习，有良好的学习习惯；撰写并发表科研学术论文，进行审计实践创新活动；对审计新技术、新方法的尝试与探索。
		经验	军队审计工作上岗资格、职称要求；审计和相关专业工作经历。
	专业技能	逻辑思维能力	工作中善于思考，形成概念，总结发现规律的本领。
		组织协调能力	对工作任务的落实与督办，与被审计单位的沟通协调，对审计工作的计划安排、合理分工。
		技术运用能力	灵活运用各种审计方式方法、技术手段的本领。
		鉴别分析能力	注重确定目标，抓住问题的关键，鉴别审计证据的本领。
		调查研究能力	通过对客观事实进行深入了解后，能够比较充分地掌握有关客观实际的历史、现状和发展趋势，并在大量占有第一手材料的基础上，从中获得某些规律性的认识，用以指导客观实际的本领。
		情况处置能力	对突发事件及时做出反应，拿出解决方案，认真解决问题。
		总结归纳能力	对审查问题总结归纳的本领。
		专业文书能力	具备一定的文字功底，处理审计专业文书公函的本领。
	交际能力	表达沟通能力	善于表达自己的思想和情感，获得别人的理解和支持，和上下级及同事保持和谐的工作氛围。
		团队合作能力	主动协作，经常与团队其他成员联系沟通，能够与团队融合。
		领导艺术	具备领导其他审计人员共同开展审计工作的本领。
		激励本领	善于调动自我或他人的积极性、创造性，为达成目标创造条件。

二、军队审计组织审计能力构成

自 Prahalad 和 Hamel 在组织层面引入能力理论后，对组织中各类能力的相关研究颇为丰富。由于研究视角和研究层次的不同，各种能力概念交织，很容易引起概念上的混淆和模糊。当前，我军审计组织主要由军队审计部门和军队审计事务所两部分构成。我军审计部门设置了审计署、审计局和审计处三级审计组织，在业务上是领导与被领导的关系。军队审计事务所是经军队审计组织和中国人民解放军审计协会审查批准，向当地工商行政管理部门注册登记，依法独立承办审计查证、鉴证、评估、咨询等业务，具有法人资格的审计组织，也是军队审计体制的组成部分。[79] 军队审计组织的主要工作包括：组织实施审计监督活动，并对审计队伍、审计制度、审计手段、审计专业、内外交流协作等各项活动进行全面建设。根据对审计能力的界定以及审计组织的主要工作内容，可以将军队审计组织审计能力（表 1－2）划分为审计实施能力、审计管理能力和审计创新能力。

表 1－2　军队审计组织审计能力的构成

	构成	内容	内涵
军队审计组织审计能力	审计实施能力	审计质量控制能力	审计组织为确保审计质量采取控制措施的本领。
		审计程序履行能力	审计组织履行从审计准备阶段、实施阶段到终结阶段的工作步骤和顺序的本领。
		审计业务拓展能力	审计组织拓展审计业务范围的本领。
		审计决策建议能力	审计组织向党委首长提出科学合理决策建议的本领。
	审计管理能力	组织管理能力	审计组织进行宏观决策，制订审计发展规划，安排审计项目等管理活动的本领。
		制度管理能力	审计组织制定并完善审计制度，依照制度实施管理，对违反制度行为进行纠正与处罚的本领。
		人员管理能力	审计组织对其内部审计人员的行为及心理活动实施管理的本领。
		环境管理能力	审计组织对廉洁从审、文明审计环境的塑造、监督和管理程度。
	审计创新能力	审计技术方法改进能力	运用先进审计手段，改进审计技术的本领。
		审计科研训练创新能力	组织审计理论研讨、审计业务培训、各类审计教育等科研训练活动的本领。

军队审计核心能力即军队审计能力的内涵，包括发现问题、分析问题、解决问题和报告问题的能力。军队审计人员和军队审计组织能力构成中，有些能力直接体现为审计核心能力，如审计人员专业技能中的逻辑思维能力、鉴别分析能力、调查研究能力、情况处置能力、总结归纳能力等内容以及审计组织审计实施能力中的审计程序履行能力、审计决策建议能力等内容。有些能力是可以转化为军队审计的核心能力，如审计人员基础能力中的知识、经验和科研学习能力；审计组织审计实施能力中的审计质量控制能力、审计业务拓展能力，审计管理能力以及审计创新能力。这些能力构成在审计能力整体中所占的权重就会有所不同，有关各能力构成要素重要程度的研究，将在审计能力评价一章中具体论述。

第三节　军队审计能力影响因素

能力的生成、发掘、培育及运用有其自身的规律，能力生成是能力从无到有的变化过程；能力发掘是能力由自发到自觉的变化过程；能力培育是能力由小到大的变化过程；能力运用是能力从潜能变成显能的过程。军队审计能力的生成、发掘、培育及运用过程，不仅受到审计能力主体中军队审计人员体力、智力、心理、自身知识结构、生活工作经历、教育程度等因素影响，还受到军队审计组织层面组织结构、管理效能、工作效率、审计环境等因素的影响。归纳起来，军队审计能力包括个体能力、组织结构、审计技术、管理效能和审计环境等多个因素。这些因素既会影响军队审计人员审计能力，也会影响军队审计组织审计能力；既会影响审计能力的大小，也会影响审计能力的发挥；既会产生正面的积极影响，也会出现负面的不利影响。

一、个体能力因素

个体能力包括军队审计人员知识结构、受教育程度、生活工作经历、体力及心理状况等内容。审计人员作为审计组织的个体组成是审计能力的重要载体，审计人员能力的大小和发挥对审计组织审计能力和审计整体能力产生重要影响。首先，审计人员知识结构、受教育程度、生活工作经历影响了审计能力的大小。审计人员知识结构完备，掌握扎实的审计理论和相关专业知识，工作经历丰富，生活中形成良好的沟通交流方式，具备优秀的个人品质，接受过良好的教育，都是提升审计人员审计能力的重要因素，共同决定着审计人员审计能力大小。审计人员的审计能力强弱，直接影响审计组织审计能力的强弱。其次，审计人员的体力及心理状况影响审计能力的发挥。审计活动需要审计人员在较短时间内完成大量查错纠弊、复核鉴证工作，有时还需要审计人员奔波于不同的审计现场，充沛的体力是审计人员从事审计工作的保障。军队审计工作普遍存在人少事多、时间紧任务重的状况，审计人员面临着巨大的工作压力，良好的心态、健康的心理有助于军队审计人员从容应对繁重的审计工作，发挥出正常审计能力水平。反之，审计能力发挥不出应有水平，审计工作质量就会因此大打折扣。

二、组织结构因素

审计组织的组织结构[①]不同，主要体现在领导体制和工作机制的不同，其独立性和拥有的权限也就不同，审计能力就不一样。审计组织结构对审计能力的影响包括两个方面：一方面，审计机构设置影响审计组织审计能力的大小及发挥。大部分大单位审计局没有审计处编制，只自设了审计办公室；有些单位的审计机构还没有正式编制，审计人员编制在财务部门。受军队编制体制影响，审计力量欠缺已成为军队各级审计组织的普遍状况，不同审计组织的审计人员数量不同，能力大小存在差异；受编制体制影响审计组织独立性不强，审计能力发挥也会受到限制。另一方面，审计工作机制的不同，影响了审计人员和审计组织审计能力的发挥。目前，我军三级审计部门的体制运行已久，审计事务所接受本级审计部门的管理、指导和监督，审计业务管理层次清晰。军队审计的特殊性决定了在其领导体制上没有其他选择，而在审计工作机制方面，也存在差别。不同审计组织制定的内部控制机制、业务工作机制不同，审计人员和审计组织能力发挥就会有所差异。审计组织内部控制严密、职责分工明确、工作机制健全，组织内审计人员始终保持工作独立性，清楚各自的岗位流程，其能力发挥就有所保障。反之，

① 这里所讲的组织结构，不仅包括领导体制，还包括审计本身的工作机制，如机构设置、领导隶属关系、职责与权限的配置等方面的内容。

审计组织内部控制不健全、职责分工不明晰、工作机制不健全，审计人员工作中的独立性就会受到干扰，审计能力发挥的效果也会降低。

三、审计技术因素

审计技术是影响审计能力的重要因素，审计技术包括审计技术手段和审计技术方法，先进熟练的审计技术手段与方法能够提高审计效率，促进审计能力的高效发挥，对审计能力建设起到积极的正面影响。随着社会经济活动的日益复杂和审计实践的深入发展，审计方法由传统的账户入手法向多样化发展，能否掌握并不断创新现代审计技术方法，决定着审计人员和审计组织是否具备并不断提高现代审计能力。在科技高度发达的当今时代，能否将电子计算机、互联网络和其他信息技术手段充分运用到审计工作，拓展审计技术手段的发展渠道，直接决定着审计人员和审计组织能否具备较高的履行审计职责的能力。一方面，运用审计技术本身就是一种能力，审计技术手段和技术方法都是要通过审计人员才能得以实现，体现为审计人员运用技术的能力，技术运用水平的高低直接体现为审计能力水平的高低。另一方面，先进技术总是能够促进审计人员更好地发挥其他关联能力，技术运用得当，相关联的审计能力才能得以实现，对审计人员和审计组织整体能力的发挥也会产生积极作用。

四、管理效能因素

审计管理包括军队审计部门处理上下级之间关系、处理审计组织与业务部门之间关系、管理审计人员以及控制审计质量等活动。一方面，审计管理影响组织内审计人员能力的大小和发挥。如果审计组织能够对审计人员进行经常性的后续教育，使审计人员保持并不断提高业务水平和审计品德，审计人员的审计能力就能得到不断提升；审计部门如果能够根据能本原则选派合适的审计人员执行审计任务，客观、公正地评价审计人员工作成绩和能力水平，做到奖罚分明、任人唯贤，军队审计人员审计能力发挥就会得到保障。反之，如果审计部门内部管理混乱无序，管理规章残缺不全，审计行为缺乏有效监督，任人唯亲，就会瓦解审计人员斗志，影响审计能力的发挥。另一方面，审计管理也会影响审计组织能力大小。如果审计组织能够制定有效的制度来保证吸收德才兼备的审计人员，内部管理职权划分合理，审计管理规章制度健全，执行力度强，科学制定审计管理要求和质量控制办法，军队审计组织审计能力就会增大。

五、审计环境因素

审计环境①包括审计时间、经费要素、法规制度和工作条件等诸多因素，对审计组织和审计人员审计能力的发挥产生重要影响。首先，审计时间限制是阻碍审计组织和审计人员能力发挥的一个客观因素。完成每项审计任务的时间是有限的，审计人员总是要在审计效率和审计效果之间取舍，根据审计任务的不同合理安排审计时间，才能保证审计能力的最有效发挥。过长的时间安排会使审计人员和审计对象产生厌倦情绪，过短的时间安排会带给审计人员较大的工作压力，容易影响审计工作的质量。其次，经费要素也是影响审计能力发挥的因素之一。审计经费越充足，审计能力发挥就越有保障；审计经费不足，审计组织安排审计项目时就会有所取舍，审计人员实施审计的过程，就会考虑审计成本的大小。尽管军队审计活动的经费基本可以得到保障，但也不能忽略审计能力的发挥与审计组织得到的经费保障的正相关关系。再次，法规制度对审计能力的大小和发挥产生全面的影响。法规制度的内容决定了审计能力的大小，审计法规制度对审计体制、审计权限、审计职责、审计保障等都做了相应规定。如果法定的审计体制合理、审计权限充分、职责设置合理、经费保障有力，审计人员和审计组织就能获得较高的能力水平，反之则能力水平较低。最后，军队单位提供给审计组织和审计人员的工作条件也是影响审计能力发挥的因素之一。军队提供给审计组织的环境、审计组织提供给审计人员的环境和待遇优越，工作氛围良好，审计人员和组织就会乐于表现出更高的能力水平。信息化时代，良好的工作环境对审计组织和审计人员更加方便快捷地接发审计信息也有很好的帮助，更有利于审计能力的发挥。

---

① 审计环境是一个系统，由各种环境相互联系而形成的有机整体，审计环境系统有四环境论、五环境论、六环境论、七环境论、十环境论和十一环境论等。环境按其内容影响范围可划分为宏观环境和微观环境。这里所说的审计环境，属于微观环境范畴，是指审计主体本身和被审计单位在宏观环境影响下所形成的内部基本条件。

第四节　军队审计能力建设的理论基础

一、行为管理理论

行为管理理论始于20世纪20年代，早期被称为人际关系学说，以后发展为行为科学，即组织行为理论。行为管理理论重视研究人的心理、行为等对实现组织目标（效果）的影响。具有代表性的理论成果主要包括需求层次理论、双因素理论、成就需要理论、X理论－Y理论、波特－劳勒理论[80]、全面质量管理理论[81]等。军队审计能力及其构成要素需要通过审计行为体现出来，军队审计能力建设过程广泛运用了行为管理理论，通过对审计人员个体行为和审计组织行为实施管理，来实现审计能力建设目标。

行为科学认为人的各种行为都是由一定的动机引起的，而动机又产生于人们本身存在的各种需求，人们为了满足自己的需求，就要确定自己行为的目标。这种从一定的需求出发，为达到某一目标而采取行动，进而实现需要的满足，而后又为满足新的需要产生新的行为的过程，是一个不断激励的过程。马斯洛的需求层次理论[82]主要阐述了两个基本观点：一是人的需要取决于他已经得到了什么，尚缺什么，只有尚未满足的需要才能够影响行为，已得到满足的需要不能起激励作用。二是人的需要都有轻重层次，某一层次的需要得到满足后，更高层次的需要才出现。美国心理学家赫茨伯格[83]在广泛调查研究的基础上，提出了激励的双因素理论，即保健因素和激励因素。其中，保健因素可归纳为：组织的政策与管理、监督、与上级的关系、与同事的关系、与下级的关系、工资、工作安全、个人生活、工作条件、地位。当保健因素低于一定水平时，可能会引发审计人员的不满，当这类因素得到改善，这种不满随之消失。但是，保健因素对审计人员起不到激励的积极作用。激励因素可以归纳为：工作上的成就感、受到重视、荣誉奖励、职务晋升、工作本身的性质、个人发展的可能性、责任。激励因素以工作为中心，会对行为主体起到激励作用。马斯洛的需求层次理论和赫茨伯格的双因素理论从不同角度谈到了激励和人的需要之间的关系。通过激励可以对组织中个人行为产生激励力，激励力的大小取决于某一行动的效价和期望值。效价，是指行为主体对某种预期成果的偏爱程度，或某种预期成果可能给行为主体带来的满足程度。期望值，是指某一具体行动可带来某种预期成果的概率，即行为主体采取某种行动，获得某种成果从而带来某种心理上或生理上满足的可能性。

激励作为一种有效的管理手段在军队审计能力建设方面发挥着重要的作用，主要表现在对审计人员个人行为的积极引导，对组织和个人阶段性目标的设立等。在进行审计人员能力建设时，审计能力建设主体不仅要根据审计能力建设的需求和个人能力的差异，将不同的人员安排在不同的岗位上，赋予他们不同的职责和任务，还要分析他们的行为特点和能力的影响因素，创造并维持一种良好的工作环境，以调动他们的工作积极性，改变和引导他们的行为。为达到预定的能力建设目标，必须要知道用什么样的方式可以有效调动审计人员的工作积极性，对不同需求的审计人员应当采取不同的激励措施。

行为科学研究的另一重要理论成果，是美国心理学家麦克莱兰提出的成就需要理论[84]，他认为个人和环境之间存在着某种关系从而产生需要，个人在环境因素的影响下产生三种重要需要，即成就需要、权力需要和情谊需要。成就需要理论不讨论人的基本生理需要，主要研究在人的基本需要得到满足的前提下，人还有哪些需要。这是一种从想要得到的不同结果出发，对需要进行分类的方法，它能够管理对于有强烈成就需要的人员应该采取怎样的激励策略和方法。应用于审计能力建设，就是要做到两点：一是为审计人员提供合适的环境，让他们充分发挥自己的能力；二是确立追求卓越和完善的高标准。树立高标准，能够让审计人员感到高成就，对有较高成就需要的审计人员产生强烈的激励，使审计人员努力工作、各尽所能，同时使审计人力资源得到更合理的安排。美国麻省理工学院教授马克雷戈提出了 X 理论 - Y 理论[85]，X 理论认为人的本性是坏的，一般人都好逸恶劳，由于这一特性的存在，仅用奖赏的办法不足以战胜厌恶工作的倾向，还需要进行强制、监督、指挥甚至惩罚的措施才能使人们付出更多努力完成工作目标。与 X 理论相对的 Y 理论认为，人并非懒惰，人们对工作的喜欢和憎恶决定于工作对他是一种满足还是惩罚。应用于军队审计能力建设，就是要根据对审计人员需要的不同看法，采取不同的管理方式。按 X 理论看待，审计人员的本性应认为是负面的，因此需要采取严格的控制、强制方式进行管理；按 Y 理论看待，审计人员的本性应认为是正面的，应创造一个能多方面满足审计人员需要的环境，使审计人员的各种审计能力得以充分地发挥，以更好地实现组织和个人的目标。

二、组织管理理论

组织管理理论着重研究管理职能和整个组织结构，其核心思想在于整合利用组织外部最优秀的专业化资源，以达到降低成本、提高效率、提升自身核心竞争能力和增强对环境的迅速应变能力等目的。德国著名社会学家韦伯认为等级、权威和行政制（包括明确的规则、确定的工作任务和纪律）是一切社会组织的基础，理想的行政组织体系应当包括：存在明确的分工；按等级原则对各种职位进行法定安排；根据经过正规考试和教育培训而获得的技术资格来选拔员工，并完全根据职务的要求来任用；除个别需要选举产生的公职外，所有担任公职的人都是任命的；行政管理人员是“专职的”管理人员，领取固定的“薪金”，有明文规定的升迁制度；行政管理人员不是他所管辖的那个企业的所有者，只是其中的工作人员；行政管理人员必须遵守组织中规定的规则、纪律和办事程序；组织中成员之间的关系以理性准则为指导，不受个人情感的影响。[86]韦伯的这一理论适用于各种行政管理工作及各类大型组织，给军队的管理也带来了很好的启示，尤其是在军队审计能力建设中，审计组织中的审计人员具有不同的岗位职责，审计组织也存在专门的管理人员，通常是审计组织的负责人，专业技术人员和管理人员的能力要求有所不同。军队审计能力建设，应当有明确的选拔使用审计人员的能力本位制度和审计能力生成、发挥、使用等运行机制，要任人唯贤，坚持能力与岗位相匹配的原则，确保合适的人才进入到合适的审计岗位。

三、系统管理理论

系统管理理论认为：组织是一个系统，是由相互联系、相互依存的要素构成；根据需要，可以把系统分解为子系统，子系统还可以继续分解。为了研究系统的构成，可以按照不同角度把系统分解为各个子系统，这样，对系统的研究就可以从研究子系统与子系统之间的关系入手；系统在一定的环境中生存，与环境进行物质、能量和信息的交换。从这种意义上讲，系统是开放的；系统从环境输入，通过转换过程把资源转换为产出物，一部分产出物为维持系统而消耗，其余部分则输出到环境中；系统在投入－转换－产出的过程中不断进行自我调节，以获得自身的发展。运用系统观点来考察管理的基本职能，可以提高组织的整体效率，使管理人员不至于只重视某些与自己有关的特殊职能而忽视了整体目标，也不至于忽视自己在组织中的地位和作用。[87]

军队审计能力本身就是一个系统，它是由多个层次的多种能力共同构成，既有个体层次的审计人员审计能力，也包括组织层次的审计组织审计能力，而且个体层次和组织层次之间并非孤立存在的，他们之间存在着密切的关联。单独来看，审计人员能力建设的过程中，要针对审计人员的能力构成分别制订建设目标和建设计划，充分考虑各能力要素的衔接和协调。审计组织在对组织自身能力建设时，要注重组织外部环境对组织内各能力要素的影响。对组织内审计人员能力建设时，应根据系统管理思想把审计人员自身因素、审计组织内部因素和外部环境结合起来进行全面分析，研究它们之间的相互促进和制约关系，以求对各审计人员审计能力建设的效果能够保证整个审计组织能力建设目标的实现。对审计人员和审计组织能力进行评价时，要将能力按照能力构成的层次划分为不同子系统，分别评价各子系统能力水平，再将各子系统综合起来，得出整体能力水平评价结果。

四、资源整合理论

资源整合理论认为，组织中存在从资源到能力的整合递进过程，组织的持续竞争优势源于组织对资源和能力在时间与空间上不断地“整合”，包括组织内部不同资源的整合和组织内部与外部资源的整合。这个理论的主要观点，一是将整合管理思想运用于系统内的各相关部分。整合管理是通过对组织现有资源的有机整合，发挥资源的整体优势，提高组织的运行效率，最大限度地实现组织的目标。其核心思想是创造性地将管理方法综合运用于组织内相关系统，在动态的调整与完善中使组织系统中现有资源充分发挥其应有作用，达到资源优化配置状态的活动。二是资源存在稀缺性，资源总是要流向发挥最大效用的方向。经济学上资源的概念是指为创造物质财富而投入到生产活动中的一切要素。世界上任何资源都是有限的，而人类的需求欲望却是无限的。因此，为了满足人们不断增长的需求，必须依据资源的稀缺规律来安排资源的使用。这就是经济学所称稀缺规律作用的结果，即资源要流向发挥最大效用的领域，有限的资源得到最有效的利用，这也是经济学的成本效益原则。

审计资源的稀缺是阻碍军队审计能力形成与发展的重要因素，审计资源整合可以有效提升审计能力。审计资源整合主要包括审计资源的计划、配置和开发三个关键环节。计划是审计资源整合的龙头，是首要环节；配置是审计资源整合的核心内容，它以审计资源计划为基础，是落实审计资源计划的重要保障。当然，审计资源的配置只能促进现有资源的合理分配与有效利用，不能完全解决审计资源数量短缺的问题，还要不断开发审计资源，挖掘审计资源的潜力，发现新的审计资源。要想使有限的审计资源发挥最大的作用，实现审计资源利用的成本最小、效益最大，资源的整合是重要的环节，审计资源整合已是大势所趋。[88]

军队审计能力建设同样需要对军队审计资源进行整合。一是军队审计能力建设需要对审计资源进行有计划的使用，以确保审计能力的有效发挥。审计能力建设离不开审计资源的支持，现有的审计资源需要实施计划管理，合理安排审计资源分配计划，以此保证审计能力建设的每个环节可以获得足够的审计资源。审计资源计划工作不仅是军队审计资源整合的基础，更是军队审计能力建设的基础性工作。二是军队审计能力的供求现状需要进行审计资源的合理配置，以保证审计能力的发挥。军队审计资源配置应当以军队需求为导向，以军事性和效益性为核心，以实现审计目标为终极目的。审计资源配置要遵循成本效益原则、系统原则、节约原则和可持续发展原则，通常采取的配置方式包括：组合审计类型，改进审计组织方式，选用先进合理的审计取证方式，优化配置审计人力资源，采取审计质量控制措施等。三是潜在的审计资源亟待通过开发得到有效利用。审计资源开发包括审计人力资源、审计财力资源、审计组织资源、审计信息资源、审计技术资源、审计文化资源等诸多资源的开发，其中，审计人力资源、信息资源和技术资源是开发重点。审计资源开发既包括对现有资源的合理利用，也包括对潜在资源和新资源的挖掘。

第二章　军队审计能力建设的历史回顾与现状分析

第一节　不同阶段军队审计能力建设的概况

我军审计产生于土地革命战争时期，先后经历了土地革命战争时期的尝试，抗日战争时期、解放战争时期的发展，新中国成立后的存续、中断和复苏，直到1985年7月中央军委发布命令，批准成立中国人民解放军审计局，军队审计制度得以恢复。

一、土地革命战争时期的军队审计能力建设

建军初期，人民军队就非常重视对军队经济的监督。我军审计产生于土地革命战争时期，这一时期军队审计基础较差，审计工作范围仅限于物资预算、决算、经费支出、供应实力、财经纪律等方面，军队审计能力建设还处于萌芽阶段，主要是通过军队审计组织结构的建立以及审计法规制度建设来形成审计能力。

这一时期的人民军队采取了士兵委员会、军队审查委员会、红军审计委员会等多种组织形式，实行民主理财和经济监督。红四军成立后，其经济实行计划、执行、监督三分离，对部队收支的监督则由士兵委员会负责。除红四军外，湘鄂赣革命根据地的军队中也设立了士兵委员会。组建士兵委员会是土地革命战争时期中国共产党加强军队基层组织建设的重要手段。在革命战争极为艰苦的条件下，由代表战士利益的士兵委员会实施军队经济审查，这在当时是历史的进步，

也是军队审计组织形式的一种尝试。中华苏维埃临时中央政府成立后，军队各级建立了审查委员会。审查委员会吸收了士兵委员会群众性、公开性的优点，士兵代表占据了1/3，充分体现了士兵的意愿；每月的收支报告书、收支账目经审查委员会审查后逐级公布，并向士兵作收支报告，介绍和说明收支情况，接受士兵的监督。若发现经理机关有舞弊行为，可建议临时组织审查委员会进行审查，使经理机关的工作随时处在士兵的监督之下。1934年1月，第二次全国苏维埃代表大会确定了中央审计委员会的建立问题。2月，第三届中央执行委员会召开第一次会议，决定了中华苏维埃共和国组织序列，在中央执行委员会之下设立审计委员会，并选举阮啸仙为中央审计委员会主任。中央政府执行委员会公布了《中华苏维埃共和国中央苏维埃组织法》，其中第八章关于审计委员会的规定明确要求，在中央执行委员会之下设立审计委员会，其职权是审核国家的岁入和岁出以及监督国家预算的执行。组织法的公布，以法律形式确立了中央审计委员会在中央执行委员会直接领导下进行工作，成为与人民委员会（即中央政府）、最高法院平行的独立机构，其法律地位、性质和作用都发生了重大变化。中央审计委员会是中国历史上法律地位、权威性最高的审计机构。中央审计委员会和地方省、市、县级审计委员会成立后，红军内部也成立了审计委员会，并开展了审计工作。[89]

法规制度建设方面。1930年9月，红一方面军总政治部印发了《红军士兵会章程》，明确了士兵委员会的职权、组织、经费、工作等，规定士兵委员会在政治部及政治委员的指挥下，具有审查军队经济、监督军队给养的权力。1932年2月，中华苏维埃共和国中央革命军事委员会颁布了《经济工作问题提案》的训令，提案的第九部分是《经济公开条例》，条例提出军队各级要建立审查委员会。《经济公开条例》是红军开展审计监督的第一部重要规章。1934年2月，临时中央政府毛泽东主席，项英、张国焘副主席签署命令颁布了《中华苏维埃共和国中央政府执行委员会审计条例》，这是中国共产党领导下红色政权的第一部全国性审计法规。法规对建立审计监督制度的目的、审计职权、审计体制、审计范围和任务、审计报告制度和审计程序进行了明确的规定。

土地革命战争时期军队审计组织结构和审计法规制度建设的实践表明，军队已经形成审计能力意识，开启了对军队审计能力建设的探索，积极进行了审计能力建设尝试并取得了一定的成果，审计组织结构的构建以及法规制度的颁布为审计工作提供了有力的保障，起到了支撑作用，也表明军队已具备了一定的审计能力。

二、抗日战争时期的军队审计能力建设

抗日战争时期军队审计能力建设发生了变化，审计能力建设已经开始从形成意识落实到具体行动中。审计能力随着审计活动的日益规范逐渐提升，审计组织体系更加完整，审计法规制度更加详细，审计方式也有所突破，审计技术方法取得了进步，军队审计能力进一步加强。

1938 年中央军委成立了财政委员会（简称军财会），下设审计处，负责检查各机关、部队、学校、财政及供给部的工作。每个月初或月终，军财会听取审计处及供给部的财政报告。1938 年到 1939 年，八路军总部成立了审计委员会，并在总部财政处设置审计科，办理日常审计事务，后勤部成立后，下设审计科，1940 年 9 月改为审计处。1940 年 12 月，八路军总部设立了总审计委员会，为八路军最高审计机关，战备区（或师）设审计委员会，旅级（或军分区）、团级设审计组，均为审计权力机关，对外行使职权。八路军各级审计机构组织健全，分工明确，形成了以团为初审，旅（或军分区）为复审，战备区（或师）为决审，总部总审委为最高稽核备案的完整审计组织体系。1941 年 1 月皖南事变后，根据中共中央革命军事委员会命令，新四军在苏北成立新军部，军部财经部下设审计科。同年 4 月，中共中央军委华中分会发出通知，决定各级军政党委员会下设审计委员会。审计委员会下设审计室（处、科、股、组），配备审计总干事、审计干事（审计员）等专职审计人员，具体办理审计事务工作。新四军完整的审计体系推动了整个华中抗日根据地审计工作的开展，确保了审计能力的有效发挥。[90]

抗日战争时期，中央军委、八路军、新四军总部、各师级部队、军地联署颁布了许多审计法规，为审计工作的开展提供了制度保障。1938 年 11 月，中央军委毛泽东主席、邓稼先副主席批准颁布了《中央军委财政委员会暂行条例》，规定了审计处的设立及职权。1942 年 2 月，中央军委颁布命令，实行《八路军、新四军供给工作条例》，规定了八路军、新四军审计机构的设立、审计制度、审计工作任务和职权。这一时期，八路军总部及所属部队为规范经费收支、严肃财经纪律、有效保障供给，颁布实行了许多审计法规（见表2－1）。这些法规从法

律角度明确了审计组织的地位、作用，规定了审计工作的主要任务，划定了审计工作范围，明确了审计职权。

表 2－1 八路军在抗日战争时期颁布实行的审计法规

颁布时间	颁布单位	法规名称
1939 年 5 月	八路军 120 师	《120 师审计条例》
1940 年 10 月	八路军 129 师	《129 师审计条例》
1941 年春季	八路军总部（当时统编为第十八集团军）	《第十八集团军审计法规》
1942 年	八路军总部	《军队中各级审计处工作条例》
1943 年 5 月	晋察冀军区平北支队司令部、晋察冀边区行政委员会平北办事处	《关于组织审计委员会的决定》
1945 年春季	八路军总部	《第十八集团军暂行供给法规》
1945 年 5 月	晋察冀边区行政委员会、晋察冀军区	《关于组织审计委员会的决定》
1945 年 5 月	晋察冀军区直属审计委员会	《关于县、专区、行署设立审计委员会的通知》

抗日战争时期，八路军、新四军的审计活动，主要是围绕着审批核销各级军事机关、部队经费收支预决算进行的，其审计内容、范围、方法和基本做法变化不大。这一时期，军队预决算审计开始采取以预算审核为主的事前审计、下部队查账和查点现金的事中审计以及月终审核决算的事后审计三种审计方式。审计部门的审计工作以书面审计、实地检查审计、特定或专项检查审计为主，并且采取定期检查与不定期抽查相结合的方式，在审计技术方法使用上，取得了一定的进步，说明军队审计能力建设有了进一步发展，军队审计能力内涵更为丰富。

三、解放战争时期的军队审计能力建设

解放战争时期，军队审计能力进一步增强。一方面，军队审计组织结构逐渐向体系化方向迈进，各野战军相继组建各自的审计机构，审计职能得到拓展；另一方面，审计法规制度日趋完善，中央军委和各野战军两级法规体系逐渐形成，

中央、中央军委和总部相继颁布了加强军队审计工作的办法、要求和制度，各野战军均出台了各自的审计工作条例和细则，审计活动有法可依，审计能力得到了法规制度保障。

随着战争动荡及军队的频繁调动，军队审计组织结构在不断发生变化：（1）第一野战军审计机构的变迁。1947 年以前，陕甘宁、晋绥联防军的审计工作由供给机关财务部门兼管，西北军区在后勤部设审计科负责审计工作。西北野战军后勤部成立后设审计处，辖审计、调研两个科。1948 年 2 月，《审计工作条例》颁布后，西北野战军、纵队、旅、团、野战军直属队均成立了审计委员会。5 月，陕甘宁边区审计委员会授权晋绥联防军军政委员会组成联防军各级审计机关：野战军、晋绥军区组成审计总分委员会；纵队、晋绥军分区组成审计分委员会；旅、直属军分区组成审计支委员会；团设审计秘书、审计员。9 月，西北野战军决定在野战军设立审计处，纵队、旅、团设立审计室。11 月，西北野战军改称第一野战军后，审计机构没有太大变化。（2）第二野战军审计机构的变迁。1948 年 5 月前，晋冀鲁豫军区在供给部财政处设审计科，负责审计工作。5 月，中原军区成立，将南征中原的晋冀鲁豫野战军改称中原野战军，并在后勤供给部设立审计科，处理日常审计事务。1949 年 2 月，中原野战军改称第二野战军后，团以上各级供给部门设置审计处、科、股、员，作为各级审计委员会、审计组的办事机关。（3）第三野战军审计机构的变迁。1945 年 10 月，华中军区成立，军区供给部在财政处下设立审计科，负责日常审计工作。11 月，留守华中的新四军部队组建华中野战军，华中军区、华中野战军各级均成立了审计委员会和审计小组，并在各级供给机关设立相应的审计机构，加强对物资经费的监督。1946 年 1 月组建的山东野战军，由各级供给机关财粮部门兼管审计工作。1947 年 1 月，华东军区和华东野战军组建，均在后勤供给部会计科下设审计组。1948 年，华东财办审计处划分三个处，成立军事经费管理处负责军事单位的财政审核。1949 年 1 月，华东野战军改称第三野战军，野战军供给部设审计处，兵团、军设审计科，师设审计股，团设审计干事。（4）第四野战军审计机构的变迁。1946 年 1 月，东北民主联军组建，在后勤部司令部下设审计处，纵队、师、团各级未设专职审计机构，各单位的预决算，由其供给机关财政科、股预审后，逐级上报。1948 年 1 月，东北民主联军改称东北人民解放军；1949 年 3 月，东北野战军改称第四野战军，尽管期间有些二级军区、部队也曾成立不同形式的审计组织机构①，但审计体制基本未变，审计工作仍由东北军区后勤部财政处和野战军后勤部审计处负责。(5) 华北野战军审计机构的变迁。1947 年 8 月前，晋察冀军区各级部队成立了各级审计委员会，并在各级供给部财粮部门设立审计科。1948 年 5 月，华北军区成立，在大军区、各野战兵团、二级军区、纵队均成立审计委员会，旅、军分区、团成立审计小组，各级审计委员会、审计小组均为权力机关。大军区、各野战兵团、二级军区、纵队供给处设审计科，旅、军分区设审计股均为执行机关，团设审计员。解放战争年代，各野战军审计机构虽历经变迁、变化不尽相同，但是基本上执行了三级审计制度。即一级军区、野战军审计委员会及其办事机构为决审机关；二级军区、军审计委员会及其办事机构为复审机关；三级分区、团审计委员会及其办事机构为初审机关。中国人民解放军在解放战争时期的三级审计制度，为保证解放战争取得胜利发挥了重要作用，为新中国成立后军队审计制度的发展起着重要的借鉴作用。[91]

解放战争时期，中央、中央军委、总部为了加强审计工作，做出了具体要求，并制定了相关法规制度，各野战军也相继颁布了许多审计制度规定，军队审计法规制度建设为审计实践提供了保证，制度保障能力建设取得了明显成效（见表 2－2）。

表 2－2　解放战争时期军队颁布实行的主要审计法规

颁布单位	颁布时间	法规名称	主要内容
中央、中央军委、总部关于加强审计工作的方针、要求和制度	1947 年	年度财政经济工作方针	提出了严格执行审计制度，控制铺张浪费的方针。
	1948 年 12 月至 1949 年 1 月	军委后勤会议关于加强审计工作的要求	在各级后勤机构中，加强和建立审计制度，以审计制代替首长批发制。
	1949 年 6 月	《中国人民革命军事委员会后勤部供给制度（草案）》	第四章审计制度规定了审计职权、范围，审计组织，审计分工及重点，责任追究等内容。

① 这一时期二级军区、部队成立的不同形式的审计组织机构主要包括：1948 年晋察热辽军区各级组织军政财经审检委员会；1949 年，有的军成立财经委员会，有的军各级组织审计委员会和审计小组。

续表

颁布单位		颁布时间	法规名称	主要内容
各野战军颁布的审计法规	第一野战军	1948 年 5 月	《陕甘宁晋绥联防军单行审计规程》	主要内容包括：审计机构，审计任务及职权范围，审计程序，各级审计委员会同后勤部（处）的关系等。
		1948 年 9 月	《西北人民解放军野战军审计工作暂行条例》	明确了西北野战军各级审计机构的设置、审计机构的关系等。
	第二野战军	1947 年春季	《关于晋冀鲁豫军区加强审计工作的指示命令》	命令指出了 1947 年度审计工作重心，对健全各级审计委员会、充实审计力量、严格审计职权、创新审计方法提出了要求，进一步明确了审计工作方式。
		1949 年 3 月	《第二野战军供给部审会计暂行条例》	条例审计部分包括：三级审计制度的建立，三级审计机关的重点，审计权限，审计工作任务等内容。
	第三野战军	1949 年 4 月	《第三前委关于建立与加强审计工作的指示》	包括：审计工作总的任务，各级审计部门的建立，审计机关与供给机关、审委会、审计小组的关系，各级审计机关的权限，审计干部的任选条件。
		1949 年 4 月	《华东野战军审计工作组织与条例》	包括总则，组织机构，工作范围和职权，审计制度与手续，审计人员的条件及职位五部分内容。
	第四野战军	1947 年	东北民主联军《审计工作草案》与《审计工作细则》	在审计职权和审计内容方面进行了详细具体的规定。
		1948 年 10 月	《东北军区供给工作细则》	明确了部分审计内容以及审计机关的工作要求。
	华北野战军	1949 年 1 月	《华北军区暂行供给制度（草案）》	第五章审计制度规定了审计工作总的任务，审计机构组成，审计分工等内容。
		1949 年 7 月	《审计工作暂行条例（草案）》	对华北地区部队的审计工作任务进一步做出明确规定。

解放战争时期，军队审计活动贯彻了党的财政经济工作方针，落实了军委关于加强审计工作的要求，执行了总部颁布的各项审计制度。这一时期，审计工作对预算和决算的审核管理得到了加强，制定了未经审核不得进行预算拨款、未经

审计机关审核不得决算报销等具体措施。此外，一些野战军也出台了对审计人员条件和职位做出更高要求的规定，审计工作得到规范的同时，对审计人员提出了具体的能力要求。其中，第三野战军各级审计机关都配备了高于岗位职级的审计干部，审计干部的地位很高，对审计人员能力的要求也比较严格，主要包括：必须具备较高的政治素质和业务素质，严格执行标准制度，大公无私、埋头苦干，深入实际调查研究，具有创新能力等。

历史资料表明，早期军队审计能力建设主要是针对审计组织结构和法规制度这两方面能力要素的建设。审计人员能力、审计技术、管理效能以及审计环境等要素的建设相对落后且建设成效不明显，这是由多方面的因素造成的。一是新中国成立以前，尤其是抗日战争胜利以前，社会的主要矛盾是敌我矛盾，打胜仗是军队的首要任务，军队对所有官兵的能力要求首先是要敢于牺牲、英勇奋战，对业务能力的要求是服从服务于战争需要，因此，在审计人员能力建设方面基本没有进展，主要依靠审计人员自身经验的积累。二是军队建立初期到新中国成立之前战事频繁，科学技术不发达，不具备创新发展审计技术的条件，审计技术几乎处于停滞状态，检查、复核、校对是当时采取的主要审计方法，审计手段完全是手工计算。三是新中国成立前，我国的教育处于长期不发达状态，审计人员接受教育的机会和程度很有限，审计技术发展也因此受到限制，审计管理手段相对简单，不具备改善的条件，管理效能较低。四是新中国成立前，受战事影响，审计对象自身发展也很缓慢，业务相对简单，对审计人员能力、审计技术、审计管理以及审计环境等要素的要求不高，缺少建设需求和动力。五是新中国成立前，战争环境下无法提供足够的审计时间、经费需要，各方面条件艰苦，军队崇尚艰苦朴素的作风，工作条件落后，物质资源匮乏，资源优先保障前方战事，缺少改善审计环境的条件。新中国成立以后，军队审计能力建设开始注重对审计人员能力素质的要求，在审计技术方法和审计管理手段上也开始了探索，审计环境也得到了明显改善，能力要素更加齐全，能力水平更高。

四、新中国成立后的军队审计能力建设

从 1949 年 10 月中华人民共和国成立到 1985 年恢复军队审计制度，军队审计经历了存续、中断、复苏和重建的历史演变，军队审计能力建设也在曲折中不断前行。新中国成立后，全军经费改由国家财政统筹统支。为实施军费开支的审

计监督，在周恩来的直接领导下，成立了“三人审计委员会”协助总理管理监督军费预算和拨款工作，而后改为“五人审查小组”，并成立专门办公室。中央军委和总部并没有专门的审计机构，1950 年 1 月，经中央军委批准，成立了中央人民政府人民革命军事委员会总后方勤务部财务部（以下简称总后财务部），下设审计处负责拟订与审查供给标准，监督检查、审查各级部队财务收支情况是否合理合法。12 月，中央军委批准总后财务部撤销审计处编制，审计职责分别赋予预算处和决算处。随着总后财务部内部机构的多次调整，审计职责也随之交由各业务处承担。按照中央军委要求，军区及军区以下各级都设置了审计机构，配备了专职审计人员，开展审计监督工作。1954 年，中国人民解放军全面系统地学习苏联军队的经验，军队审计工作被军事财政监督检查所取代，军队审计第一次中断。直到 1960 年，全军开展培养“三八作风”和反贪污、反浪费、反官僚主义的整风运动，军队审计又被重新提出。1966 年 5 月至 1976 年 10 月的“文化大革命”期间，军队审计第二次中断。粉碎“四人帮”反革命集团后，为恢复和发扬军队审计工作的优良传统，中央军委做出了“加强审计和会计核算制度”“团以上单位审计、会计、出纳工作必须分管”的决定。1976 年至 1985 年，军队审计开始复苏和重建。1985 年 7 月，中央军委发布命令，批准成立中国人民解放军审计局，后更名为中国人民解放军审计署。各军区、军兵种相继成立审计局，随后全军各集团军、省军区陆续成立审计处，至此，军队审计三级审计体制基本形成。[92]

新中国成立初期，一直没能颁布实施全军统一的审计制度，但西北、西南、中南、华东、华北和东北六大军区十分注重审计法规建设，相继颁发了各军区自己的审计制度。各大军区审计制度都是作为财务制度的一部分提出的，其内容也大致相同，主要包括：审计的职权和范围、审计机关的设立及其分工、各级审计机关的职责等。军队审计第一次中断期间，审计法规制度建设也处于停滞状态，直至 1960 年下半年，总后勤部派出工作组调查了解部分单位贪污浪费的典型案例，经过反复研究，由总后财务部代总后勤部起草了《中国人民解放军审计制度（草案）》，经 1960 年 12 月在重庆召开的全军财务会议讨论通过，由总后勤部批准，于 1961 年 5 月颁发试行，主要包括审计工作的任务、原则、权限、内容、方法等内容。军队审计第二次中断期间，审计法规制度建设再次停滞。1978 年审计工作陆续恢复，审计法规制度建设依旧缓慢前行。1985 年以前，我军没有真正的审计机构，审计法规建设主要由总后财务部负责，审计规定主要体现在相应的财务规定中。1985 年以后，审计活动进入正规化、制度化轨道，审计立法层次逐渐升高。军队加强了立法领导，审计法规数量增加、法规范围逐步拓展，并且更加重视立法前的调查研究，审计立法能力得到提升。2000 年以来，法规建设速度进一步加快，几乎涉及军队审计活动的方方面面，军队审计法规体系得以不断完善。

1978 年，根据全军贯彻执行财经纪律实际情况和整顿财务工作需要，总政治部和总后勤部在全军联合组织检查组，对全军财经纪律进行了全面大检查。1983 年，为了总结军队财务管理工作经验教训，改革管理体制，健全规章制度，提高财务管理水平，防止和纠正财务管理工作中的不正之风，总参谋部、总政治部、总后勤部联合下发全军财务大检查提纲，并依此组织开展了全军财务大检查活动。这两次全军范围的大检查，为全军重建审计制度奠定了良好的基础。这两次审计活动，实质是全军上下进行全面的财经纪律审计和财务审计，是军队审计开展联合审计方式的初次尝试，在审计方式上进行了探索。军队审计能力体系逐渐形成，审计能力生成与提高机制逐步健全。

第二节　军队审计能力建设的现状分析

比较军队审计能力建设的历史与现状，我们会发现军队审计能力水平不断增长，军队审计能力建设取得了一定成就，同时，也应当清楚地认识到军队审计能力建设还面临着诸多问题，军队审计能力还存在很多薄弱环节。研究军队审计能力建设现状，是认识军队审计能力的现实基础，也是探寻军队审计能力建设思路和途径的必经阶段。

一、军队审计能力建设的主要成就

自 1985 年军队审计制度恢复以来，军队审计能力建设取得了长足发展。经过多年的军队审计能力建设实践，军队审计能力得到显著增强，主要表现在以下几个方面：审计人员素质得到提升，审计组织结构更加稳定，审计技术方法取得发展，审计管理效能不断增强，审计环境得到大幅改善。

（一）审计人员素质得到提升

随着审计业务的不断拓展以及对审计工作要求的提高，近些年军队单位和各级审计部门采取多项措施提升审计人员审计能力，审计人员素质得到提升。一是审计人员学历层次得到提高。目前，每年从地方招收约30名军队审计专业干部学员；1994年，开始招收军队审计方向硕士研究生；2004年，开始招收军队审计方向博士研究生；2011年，军队招收首名军队审计方向博士后。军队院校已形成从大学本科、硕士研究生、博士研究生到博士后层次的教育体系。解放军审计署重视提升审计人员学位层次，《军队审计建设发展“十二五”计划》还提出“到2015年全军审计人员硕士以上学位达到20%”的建设目标。各级审计部门鼓励审计人员在职攻读高等级学位，军队审计人员在职攻读军队审计方向硕士、博士的数量也在逐年增加。二是完成复杂任务能力得到增强。近些年，随着自然和社会环境的变化，军队承担的任务更加复杂，联合军演、抢险救灾、反恐维稳、安保等非战争军事行动任务逐渐增多，审计部门的职能随着使命任务的增加进一步拓展。在历次重大活动中，军队各级审计部门都接受了党和人民的考验，完成复杂任务的审计能力得到增强。三是审计能力培训渠道得到拓展。解放军审计署多次进行各类审计培训，各级审计机构和部门针对审计人员业务和法律知识的弱项，依托院校邀请专家授课辅导。各级审计部门对审计科研能力提出具体的要求，督促审计人员形成良好的学习习惯、提升自身科研写作水平；从制度上规定担任审计部门领导的专业要求，提升审计部门领导的业务能力。拓宽能力培养渠道，逐渐形成了以“院校教育为基础、岗位任职和职务晋升培训为补充”的审计能力培养方式。“十一五”期间，全军共组织审计处长轮训120余人（次）、战役机关审计员培训160余人（次）、专业技术职务晋升培训110余人（次），有效提升了审计人员的思维能力和业务技能。四是审计职业道德教育得到重视。军队各级审计部门始终把审计人员的职业道德教育放在重要位置，要求审计人员保持合理谨慎的工作作风，独立客观地进行审计评价，把保密教育贯穿于日常工作。坚持把廉洁自律作为审计人员的基本要求，各级审计部门先后制定并出台了廉洁从审的若干规定，积极开展廉洁审计的相关活动，对纯净审计工作作风起到了很好的作用。例如，解放军审计署出台了《军队审计人员廉洁从审规定》，各大单位分别制定的审计纪律“八不准”“十不准”，广泛开展的“改进机关作风、树立良好形象”等教育实践活动，有力地推动了审计部门廉政能力建设。[93]

（二）审计组织结构更加稳定

中国人民解放军审计局成立以来，军队审计体制历经数次调整，逐渐形成了目前相对稳定的审计体制。一是审计层级由“两级审计”变为“三级审计”。1993 年前后，全军军级单位和联勤分部开始增设审计部门，军队审计建立起三级审计体制。目前，军队审计工作按照统一管理、分级负责的原则，设立“审计署－审计局－审计处（办）”三级审计组织。其中，解放军审计署在中央军委领导下主管全军审计工作，对中央军委负责并报告工作；其他两级审计机关实行双重领导机制，在本级单位党委首长领导下组织本级及所属单位的审计工作，对本级首长负责并报告工作，业务上接受上级审计部门的领导和指导；三级审计组织在审计业务上是领导与被领导的关系。当前，全军共设置审计机构×××个，其中军职机构×个，正师级审计机构××个，副师级审计机构××个，正团级审计机构××个，副团级审计机构×个。各级审计部门按照编制规定配备审计人员，审计机关编配现役军官，审计事务所还编配有文职干部和聘任部分专业技术人员。军队审计人员可任命为审计行政职务和审计专业技术职务，行政职务中的审计员是各级审计机构中编配的专职审计人员，是军队审计工作的具体执行者和基本力量，专业技术职务包括审计员、助理审计师、审计师和高级审计师。行政职务和专业技术职务的区分，给军队审计人员的能力提出了更多要求。截至 2011 年 12 月，全军编制审计人员×××名左右，各单位为了加强审计力量超编制配备了一批审计干部，全军实有审计干部×××余人。

二是审计序列由“一主两翼”变为“两个序列”。1997 年以前，军队审计体系形象地概括为“一主两翼”。“一主”是指以各级审计部门为主体；“两翼”分别指军队审计事务所和军队企业内部审计作为军队审计体系辅助力量，处于非主体地位。1989 年，为适应国家经济体制改革和当时军事经济改革发展趋势，健全军队审计体系，充实审计力量，根据国家法规和审计署《关于社会审计工作的规定》，经审计署和总后勤部批准，军队系统相继成立审计事务所。1997 年开始，国家对社会中介机构进行整顿，要求党政机关与所办经济实体实行编制、业务、人员和财务的“四脱钩”，随着军队企业的锐减，军队企业内部审计也开始逐渐退出军队审计体系。考虑到军队的特殊性，军队审计事务所不参加脱钩改制，但工作由军队审计系统自行管理，只办理军内单位委托业务。2003 年，为适应军事经济改革需要，军队审计事务所作为本级审计部门的附属单位，正式纳入队列编制，接受军队审计部门的管理、指导和监督，审计事务所由事业单位转变为队列单位，其性质与地位发生了较大变化。目前，军队审计实行各级审计部门和审计事务所“两个序列”的组织结构。

（三）审计技术方法取得发展

近些年，军队审计技术方法取得了长足发展。一是由单一初级审计技术发展为多种高级技术的综合使用。审计技术方法由传统的从账户入手进行审计、顺查、逆查、详查、抽查、审阅、核对、验算、查询、比较、调节、观察、鉴定、推理等方法，发展到线性规划、回归分析、系统分析、因素分析、量本利分析、统计抽样等诸多专业审计技术手段方法。近些年军队审计实践中，不再是单一的使用某一技术，而是更多地综合使用多种审计技术方法，以实现审计目标。二是审计手段由手工审计为主发展为信息化手段。现代科学技术迅猛发展，计算机技术与信息技术在军队审计领域的广泛使用，促进军队审计技术手段发生重大变革。2006 年，解放军审计署正式启动了“军审工程”——军队审计信息化建设项目，促进了审计工作向全程审计、动态审计和远程审计的转变，促进了审计手段的更新，促进了审计人员思维方式的转变，促进了审计质量的提升。更重要的是，军队审计信息化程度的提高，对审计人员、审计部门的能力提出了更高要求，促使军队审计能力也不断增强。2011 年，某大单位审计局率先开展远程审计尝试，利用电视电话会议系统实施审计进点会和审计结果通报会的主分会场远程同步，节约了审计成本，增加了现场审计的有效时间，提高了审计能力水平。20 × ×年，解放军审计署决定依托院校举办两期审计信息化培训班，“军审工程”二期也将全面启动，全军审计信息化能力水平将再次得到提升。

（四）审计管理效能不断增强

军队审计部门十分注重审计管理能力建设，审计业务管理、人员管理和科研管理效能不断增强。一是审计业务管理能力全面增强。首先，审计计划的作用得到加强。各级审计部门都要制订年度审计计划，实施审计项目计划管理；各级审计部门注重加强对审计计划制订、审计计划执行情况以及审计计划执行结果的总结考评的全程管理，及时报告计划的调整变动。其次，审计质量稳步提高。制定包括审计自查、审计复核在内的多项审计质量控制措施，经常性地开展审计质量考核。2011年结合“审计质量年”活动，解放军审计署组织对全军各大单位推选的60多项审计项目进行了评比，评选出34项优秀审计项目并进行表彰奖励。以此为契机，解放军审计署正在积极拟制《军队审计质量管理规定》和《军队审计质量考评标准》，进一步完善审计质量管控法规体系。再次，审计信息管理规范高效。紧紧依靠军队网络平台、军队审计简报、通讯、审计杂志等媒介，加大对审计信息输入、加工、整理、存储、输出和反馈等环节的管理力度，努力实现审计信息管理责任化、制度化、常态化，促进先进审计技术和经验的交流，以提升审计信息沟通能力。二是审计人员管理能力全面提升。对审计人员进行选拔、配备、使用、考评和培训的能力得到明显增强。军队审计干部专业技术职务评审与任命工作于1987年开始，审计干部专业技术职务任职条件以是否具备履行相应职责的实际工作能力、专业水平和成就为主要依据，并要求具备相应的学历及从事审计或财经工作的经历。20××年，解放军审计署还将进行审计资格认证制度试点。军队审计教育训练工作也在不断前进，各级审计部门都安排了专人负责审计教育训练工作。依托军队两所院校，已经形成了从本科到博士后层次的培养途径，定期组织各类审计培训班，每年为部队培养审计干部百余人。三是审计科研管理能力全面提高。近些年，军队各级审计部门和人员紧紧围绕国家和军队建设的主要方向，深入开展军队审计理论研究，不断完善军队审计理论体系。军队审计理论研究始终突出了审计能力建设这个主题，审计能力理论研究成果日益丰富，审计能力的研究从宏观向微观发展，对具体审计能力进行了深入细致的研讨。审计科研活动日趋频繁，全军定期举办综合性研讨会、专题性理事论坛、全军优秀论文评选，同时积极推荐参加全国优秀审计论文评选。审计教学科研单位和全军各级审计业务部门还积极创造条件，促进理论研究成果的转换和应用，一方面，坚持办好《军队审计》杂志，发挥好对审计工作的宣传作用；另一方面，及时编撰出版审计理论研讨会、理事论坛及优秀论文集，推广审计理论研究成果。

（五）审计环境得到大幅改善

随着国家各领域的全面进步以及军队的快速发展，军队审计环境得到了大幅改善。一是在审计效率提高的前提下审计时间相对充裕。科学技术的进步、交通工具的发展以及信息手段的广泛应用，使得审计工作的有效时间延长。采用现场审计和报送审计方式，以往遥远的路途耗费审计人员大量时间和精力，现在依靠先进交通工具可以避免舟车劳顿，先进的信息技术也可做到审计所需资料的及时传递，大大提升审计效率。二是审计经费更加充足。虽然横向来看，目前审计部门经费不如其他后勤保障业务经费富裕，但纵向来看，随着国家和军队的快速发展，财政收入和军费的逐年增加，保障审计工作的经费数额也在不断增长，基本可以满足审计工作的正常需要。三是审计法律环境日益完善。近些年，我军修订和新制定的审计法规几乎涉及军队审计活动的方方面面，既有实体性规范，也有程序性规范，已基本上建立了以审计法为根本依据，以《中国人民解放军审计条例》为核心，以审计规定等为重点的军队审计法规体系[94]。四是审计工作条件得到改善。全军各级审计部门都已拥有自己的办公场所，计算机、复印机、传真机等基本办公设备以及照相机、摄像机、录音笔等审计工具配备齐全，一些单位还研制了审计作业箱用于储存携带审计工具。

审计能力建设促进了军队审计事业的不断发展。以“十一五”为例，“十一五”期间，全军各级审计部门按照“围绕中心、服务大局，突出重点、注重质量，科技强审、人才为本”的工作思路，在抓好日常审计的同时，积极探索审计活动新领域，审计力度逐年加大，审计范围逐年拓展，审计效益逐年增加，审计成果逐渐攀升，为军事斗争准备和军队现代化建设提供了强有力的审计监督服务。五年来，全军各级审计部门先后审计单位（项目）××万个，审计负有经济责任的团以上领导干部××××名，取得审计成果金额×××亿元。其中，审减预算资金××亿元，审减各类施工企业和采购结算不合理收费×××亿元，审计查出违规违纪金额×××亿元，取得其他经济成果××亿元。[95]

尤其是在领导干部经济责任审计方面，审计能力得到大幅提升。2006 年，成立了全军领导干部经济责任审计小组；2007 年开始，首次对副大区职领导干部实施了审计；2008 年，中央军委颁发了《关于进一步加强军队领导干部经济责任审计工作的意见》，对军队领导干部经济责任的监督和制约更加规范化、制度化和常态化。“十一五”期间，全军共审计团以上领导干部××××名，其中，副大区职干部×名、军职干部×××名、师职干部××××名、团职干部××××名；审计评价履行经济责任好的××××名占××%，较好的××××名占××%，一般的×××名占×%，差的××名占×%，查出违规违纪金额××亿元；通报表彰履行经济责任好、业绩突出的领导干部××名，通报批评××名，诫勉谈话×××名，调整岗位××名，移交纪检司法部门处理×名，有效地规范了权力运行，保障了军事经济安全。[96]

随着军队审计能力建设实践活动的持续开展，军队审计人员和审计组织审计能力水平得到增强。一方面，审计人员知识积累不断增加，科研水平不断提升，审计实践经验更加丰富，基础能力得到加强；专业技能得到全面发展；交际能力得到提升。另一方面，审计组织审计实施能力得到提升，审计质量控制更加严格，审计程序履行更加规范，审计业务范围更加广泛，审计决策建议更加准确；审计管理能力得到加强，组织管理更加突出，制度管理作用明显，人员管理手段丰富，审计环境日益优化；审计创新能力明显提升，审计技术方法更加先进多样，审计科研训练方式更加新颖有效。

二、军队审计能力建设面临的主要困难

（一）审计能力建设发展缺乏规划

军队审计能力建设发展缺乏长远规划主要表现在：一是审计能力建设目标不明晰。军队审计能力建设虽然取得了许多成绩，但是能力建设要达到什么水平，还没有具体清晰的目标。总的来说，审计部门和审计人员要具备完成审计工作的能力，但他们分别要具备什么样的能力水平才算是符合审计工作的需要，并不是很清晰，这就容易造成能力建设偏离目标、资源浪费，导致建设的盲目性。二是审计能力建设重点不突出。当前军队审计能力建设普遍缺乏完善细致的长期计划，建设重点不清晰，造成能力建设无处不在与能力普遍不足共存的局面。没有合理区分不同能力的轻重缓急，不能合理安排资源投向投量，建设资源投入无法做到精打细算。三是审计能力建设措施不力。审计能力建设需要按步骤、分阶段、分层次进行，有限的审计资源如何能够最大限度地发挥出作用，需要发挥审计能力建设主体的能动性。合理编排审计能力的建设内容、建设时间、建设程序、资源投入与分配等内容，才能使审计能力建设更加科学、高效。目前，审计能力建设措施缺乏规划，各类措施相互缺乏连贯性，不能形成有效互补，重复性建设措施过多，针对性建设措施太少。

（二）审计资源整合利用难度较大

军队审计能力建设过程中审计资源整合利用难度较大，主要表现在两个方面：一是可供整合的审计资源总量较少。随着军队改革的不断深入和军事经济的

快速发展，军事经济监督所面临的任务日趋繁重，审计资源有限和审计任务繁重的矛盾日益突出，直接影响到军队审计能力建设的开展。审计资源总量较少已经影响到军队审计各级部门，越是基层审计部门表现得越为突出，基层审计部门的审计人员紧缺更加严重，需要的审计资源更加难以保证。审计资源有限与审计任务繁重的矛盾，一方面，造成了审计监督中出现盲区，不能切实发挥对军事经济活动的监督作用。另一方面，也造成了审计过程中操作的不规范，审计部门受制于审计资源紧张，安排审计项目时就会压缩现场审计时间，缩减审计程序，减少延伸审计的深度和广度，导致一些问题查不深、查不透。审计人员在审计资源紧张的压力下，审计判断就会大打折扣，削弱了审计的效果，表现出的审计能力必然会降低水平。二是审计资源整合程度不高。第一，军队审计人力资源补充缓慢。目前，全军编制审计人员约××人，各单位加强力量建设后实有××××人。考虑到近些年我军军费在财政支出中的平均占比，依照国家审计力量的比例，军队需要约××××名审计人员。美军现役部队140万余人，预备役部队90万余人，230万的部队拥有审计干部8000余人。综合考虑人均经费等因素，我军至少需要审计干部××××名，审计力量的欠缺显而易见。即便是按照我军审计队伍的现有规模，每年以5%的速度进行人员更新，每年仍然需要××名人员补充进入审计队伍，目前的情况显然无法满足这一需求，直接造成审计整体能力提升速度减缓。第二，审计技术资源从开发到使用时间间隔较长。审计技术形成审计能力的时间消耗较长，越是先进技术需要的消化时间越长。以军审工程应用系统为例，系统应用培训工作已经结束很长时间了，还无法在全军普遍使用。这不仅仅是系统本身的设计问题，新技术带来的工作量的增加，对传统工作思维的冲击等因素都应当考虑进去，在审计技术资源的整合方面办法不多。第三，审计信息资源流通不畅。审计能力建设过程，对审计信息资源的利用和交流不够重视，审计能力建设经验交流和传递效率较低，能力建设信息含量得不到提升。利用好信息资源这一最富有开发价值的资源，对提升审计主体掌握和使用信息的能力，促进其他能力的全面提升具有重要意义。

（三）审计能力建设手段相对简单

军队审计能力构成要素分层次成体系、结构复杂、内容广泛，各要素之间联系紧密。当前，军队审计能力建设往往是采取依托院校教育、组织各类培训、开展主题活动等方式，建设手段相对简单，还存在较大的拓展空间。这些手段对于提高审计人员基础能力与专业技能有一定的帮助，但是对于全面提升审计部门和审计人员整体能力还相差甚远。审计能力建设手段简单主要体现在以下方面：一是当前审计能力建设的主要途径是提升审计人员的学历层次，轻视后续教育的作用。各单位和审计部门都很注重审计人员学历教育，尤其是新任审计人员的专业背景、工作经历等，以此为重要指标来评价审计人员的能力水平，忽视了后续教育在军队审计能力建设中的作用。随着科学技术的迅猛发展，军事经济改革的深入，审计知识和技能的更新速度加快，后续教育不及时，学校教育掌握的知识和技能就会被新知识新技能淘汰，造成能力水平的落后。二是能力建设过分依赖知识灌输，轻视实践经验的积累。审计能力建设的现实情况，是注重对审计人员知识的教育，认为知识的缺失是能力不足的主要原因，忽视了实践能力在整体能力中的地位和作用，即使是审计技术的训练，大多也采取传授知识的形式，造成理论与实践相脱离。三是能力建设主要依靠教学和评比手段，轻视法规制度的作用。审计能力建设多采用专家授课、专题讲座、集中培训、技能比武能形式，这些形式表现为能力建设时间短、效果持续时间短、资源耗费较大，经济效益不明显。审计能力法规制度建设，一方面可以保持建设的连贯性和稳定性；另一方面，能够对审计能力建设提供法律支持，对审计能力的持续建设能够起到很好的保障作用。

（四）审计能力评价活动缺少标准

军队审计能力评价是军队审计能力建设的重要环节。军队审计能力评价缺少标准，是指缺少对军队审计能力要求的具体规定。能力评价标准要能够体现评价的原则，并能用以衡量整个军队审计能力建设工作，评价标准在评价理论和评价实践中占有重要的地位。目前，很少开展军队审计能力评价活动，所谓的能力大小高低，都是粗略比较的结果，在针对具体某项能力要素的评价时，很难找到定量化的指标，评价难度大。一是缺少可以准确评价能力大小和差距幅度的标准。例如，审计人员的科研能力，以年度发表科研学术论文、参与完成科研课题、参加学术研讨会的数量、排名、获奖等级等指标作为评价标准；审计部门的科研能力，以组织科研活动的等级、次数，参与科研活动的级别、获奖情况等指标为评价标准。二是缺少可以明确定性能力的标准。例如，审计部门创造廉洁审计环境的能力，一旦审计部门被举报投诉并经确认确实存在违反廉洁从审规定的行为，该项能力可直接被定性为很低水平或被否定；审计人员在审计工作中表现出懈怠、不负责任的工作态度，被审计组长、审计对象或审计部门负责人进行谈话或批评，直接可以认为审计人员事业心的低水平。三是缺少综合评价审计能力的标准体系。审计能力构成要素分层次成体系，各要素在整体能力中所占的权重需要进行科学划分，根据不同的评价需求，对能力的考评标准也应当有所区别。目前对审计部门和审计人员能力的综合评价，只能粗略地估评，带有很强的主观色彩，或是将能力构成中某一要素，误认为是整体能力的代表。评价结果客观程度的不足，造成审计评价结果使用上的困难，往往不能发挥出更大的作用。

上述问题的存在，严重制约了军队审计实现有效覆盖、有效监督、有效服务的总体要求，延缓了军队审计实现由微观审计向宏观审计拓展、由事后审计向全程审计拓展、由真实合法审计向绩效审计拓展、由以手工审计为主向信息化手段拓展的步伐。如果不认真解决上述问题，军队审计将会面临能力不足的危险，审计人员和部门无法正常履行审计职责，军队审计事业就会遭受损失。

三、军队审计能力建设存在困难的原因分析

（一）能力基础相对薄弱

虽然早在军队成立初期就出现了军队审计工作的身影，但是真正意义上在全军范围内全面开展审计工作，还得从 1985 年中国人民解放军审计局成立算起。相比较其他勤务保障和业务监督来说，军队审计工作起步较晚，基础建设相对薄弱，而军事经济改革的步伐一直在前进。军队依据现实情况给审计工作提出的监督要求并未降低，对军队审计能力的要求也随之增大，审计能力建设压力增加。军队审计工作恢复以来，军队审计体制编制经历了两次大的调整：第一次是 1993 年全军军级单位和联勤分部增设了审计部门，建立了三级审计体制；第二次是 2004 年，解放军审计署和全军各大单位审计事务所正式纳入军队编制，审计力量得到加强。成立新的审计部门、转换隶属关系等编制体制调整活动都会对审计能力的重构造成一定的影响，这种不稳定性增加了审计能力建设的难度，影响了审计能力建设的连贯性。虽然从数量上看，审计人员得到了增加，审计能力得到了增强，但由于数量增长造成重复建设过多，给审计资源的有效利用造成了不利影响。不仅是审计组织结构的建设基础较差，受社会环境、教育发展和科学技术的影响，审计技术、审计人员能力、审计管理手段以及审计环境等因素都表现出基础薄弱的问题。

（二）能力认识差距明显

当前，军队审计能力主体在对审计能力的认识上还存在着一定差距，主要表现在两方面：一方面，审计能力意识淡薄。繁忙的审计工作使得军队审计人员和审计部门很难拥有更多时间关注自身能力建设，军队审计事业的持续发展会对审计能力不断提出新的要求，审计人员和审计部门往往只有在审计工作中遇到困难或问题，才会发觉自身能力上的不足，这已经对审计工作造成了影响。被动地关注自身能力，容易导致审计能力建设的盲目性、滞后性。近些年，随着军事经济改革的深入以及军队后勤建设的不断发展，审计能力不足的问题开始逐渐暴露，审计能力与军队对审计工作的要求之间的差距开始更多地引起审计人员和审计部门的关注。军队审计能力建设初期，正值我国教育事业的快速发展时期，能力建设十分注重知识的灌输和教育，一直把知识传授作为能力建设的主要方式。这种思想观念已经深入到广大审计工作者的脑海中，形成了一谈到加强能力建设，首先想到授课培训的思想定式，具有一定的塑型趋势。无论是邀请专家教授到部队教学还是安排审计人员到学校学习，都是通过增加知识积累来达到提升审计能力的作用，这种最简单、最基础的方式已成为能力建设的主要方法。近些年，随着军队与地方审计活动交往的增多，能力建设的方式才开始得到创新。此外，在能力建设方向上，一直都把主要建设方向放在审计人员身上，对审计组织层次的能力建设较少。虽然说审计个体是组织内的成员，个体能力增强也带动了组织能力的增强，但是，从组织建设的角度和方向看，建设内容和重点还是应当有所区别。如何整合好审计组织内各审计人员的能力，使得个体能力共同发挥出最大整体效能，还需要在组织层面多下功夫。2010 年，解放军审计署机关组织开展了向审计署学习的活动，给各级审计部门树立了榜样，同时转变了能力建设的思想，拓展了能力建设的思路。

另一方面，对审计能力构成要素认识不清晰，对审计能力差距认识不到位。一直以来，军队对审计能力的构成要素缺乏系统的认识，没有对能力构成进行深入分析，随着近些年规划意识的增强，军队开始对某些能力要素进行整体规划，一些单位和审计部门也开始筹划本单位或本部门的审计能力建设工作。审计组织审计能力和审计人员审计能力分属两个层次，二者能力构成要素有所区别，建设内容和重点理应不同。审计工作按其性质可划分为审计业务工作和审计管理工作两个方面，二者对能力素质的要求也应当有所差别。审计工作中简单笼统地指责审计部门或审计人员的能力不足，而不能细致地划分并指出具体某项审计能力的差距，显然不够客观且不具有说服力。随着审计范围的不断拓宽，审计内容的不断加深，对审计部门和审计人员提出了新的能力上的要求。审计能力不足说明当前的审计能力水平与审计任务对审计能力的要求存在着一定的差距。既要清楚地认识自身能力水平，又要了解完成审计任务所需能力要求，这样才能正确认识二者在能力方面的差距，为下一步缩小差距、弥补不足打下基础。

（三）能力建设盲目随意

军队审计能力建设现实情况是缺乏科学有效的统筹安排。一是在能力建设时机上，随意性较大，没有进行合理的规划。主要表现在：对审计能力建设的组织安排没有计划，在审计项目间歇期临时安排的居多，未能列入年度审计工作计划，或者在计划中不能详细确定时间；对组织内的审计人员能力建设时间安排不合理，每名审计人员接受能力建设的机会不均等，尤其是在开展职称培训时，经常会出现重复培训、不符合培训条件的顶替参加培训的情况。二是在能力建设思路上，重点不突出，核心能力建设薄弱。目前，审计能力建设更多的是采取讲座和培训等方式，内容主要针对审计知识和现行法规，对审计实践操作技能的建设办法不多，除了专业技能大比武这种竞赛的形式，日常的交流机会太少，实践技能的建设占军队审计能力建设投入总量比例太小。专业技能又是最能体现审计核心能力的重要内容，理应增加对其建设投入，促进核心能力的快速形成。三是在能力建设方法上，缺乏创新性，能力建设效率不高。长期以来，讲座、培训、比武等方式已成为能力建设的固定套路，对能力建设对象的吸引力正在逐渐减小，缺乏一定的创新性。这些固定的模式很少能形成制度机制固化下来，将其与审计组织和个人发展有机结合，减小对其抵触情绪。开创新的能力建设方式，对审计能力建设对象会产生更大的吸引力，激发他们主动参与审计能力建设活动的热情。四是在能力建设评价上，缺乏有效的评价标准，评价结果作用不大。对建设对象能力的评价活动没有规范的程序进行指导，没有规定明确评价的主体，没有形成一套客观系统的评价不同类型建设对象审计能力水平的评价标准，这些都不利于审计能力评价工作的开展。现实情况是，军队审计能力评价活动开展得很少而且不够规范，对审计能力评价也不够合理，评价结果的运用更是十分有限，审计能力评价是审计能力建设的薄弱环节。

第三章　我国与外国审计能力建设的做法与启示

第一节　我国审计能力建设的简要介绍

一、国家审计能力建设概况

自从 1983 年我国恢复审计制度以来，审计工作开始在全国范围内逐步展开，审计在国家政治经济生活中的地位和在社会公众中的影响得到了前所未有的提升，审计能力建设取得了长足的发展。

（一）审计人员能力不断增强

我国国家审计机关约有 8 万多名审计人员，实行专业职务聘任制，审计人员的来源渠道主要是社会招聘调入和学校毕业生招聘录用。国家审计机关采取由业务机关根据工作需要确定所需人员的知识结构以及能力要求范围，通过人事部门进行招聘的途径选拔审计人员。遴选标准主要依据国家公务员录用标准，辅以审计相关专业知识的考量，主要考查审计人员的基本素质，包括基本工作能力、道德水准和判断能力、分析能力、综合运用能力等特质。为适应审计工作对审计人才的需求，审计署采取署地共建的办学方式，建立了一所全国性高等院校——南京审计学院。2005 年，审计署启动了人才工程建设。人才工程建设以提高审计机关专业能力为核心，以建设高素质的审计领导人才、审计专业人才和审计管理人才队伍为目标，从而为审计事业发展提供坚强的人才保障和智力支持。在审计人员当中，财会专业的人员占所有人员的 70% 以上，法律专业的人员只占其中的 3%，具备宏观管理、财政、金融、企业管理、工程、计算机、外语知识的人员较少，[97]这表明，审计人员的专业能力需求正在逐步拓展，国家审计知识构成也在不断调整变化。近些年，审计署在干部队伍建设方面，完善了干部管理、选拔任用和培训等办法，加大了交流培训力度。2010年，组织各类审计培训班60期、培训审计人员8956人次，通过轮岗、挂职等途径交流审计干部69名；地方审计机关也加大了培训、交流和轮岗力度。各级审计机关不断深化干部人事制度改革，在竞争上岗、增强透明度等方面取得了新的突破。2008年，审计署刘家义审计长正式履行联合国审计委员会委员职责，审计署开始派出审计人员参加联合国审计任务，与国内审计相比，联合国审计领域广、时限短、要求高、强度大，对审计人员更具挑战性，这既是我国审计人员能力素质在国际舞台的一次全面展示和检验，也进一步促进了审计人员能力素质的提升。

（二）审计组织结构日益健全

我国法律规定国务院和县级以上人民政府设立审计机关。国务院下设审计署，是我国最高审计机关，中央政府的组成部门，接受国务院的领导，执行法律、行政法规和国务院的决定、命令，以独立的行政主体从事活动；在地方全面建立了省（区）审计厅（局），市、县审计局，省、自治区设立审计厅，直辖市、设区的市、自治州、县、自治县、不设区的市、市辖区设立审计局，省、自治区人民政府派出的地区行政公署设立审计处；在国务院各部委设立了派出审计局，为加强对中央在地方直属单位的审计，成立了18个审计署驻地方特派员办事处。目前，全国共有省、自治区、直辖市审计厅（局）31个，地市级审计局434个，县区级审计局3075个，审计署编设有14个内设机构，7个直属事业单位，25个派出审计局和18个驻地方特派员办事处，形成了覆盖全国行政区划和主要行业部门的庞大的组织体系构成。[98]经过多年的审计能力建设实践，我国国家审计组织结构比较完备，体系清晰，审计范围覆盖面广，表现出较高的审计能力水平，审计能力建设成效明显。

（三）审计方法手段更加丰富

多年来的审计活动使得审计技术方法手段取得了长足的进步，审计能力建设受益于审计技术方法手段的发展，尤其是审计方法的创新以及信息技术在审计领域的运用，使得国家审计能力水平大幅提升。一方面，国家审计技术方法发展迅速。随着国家经济活动的进一步发展，审计业务的工作量明显增加，审计技术方法走上了相对独立发展的道理，并不断丰富完善。国家审计部门和人员在采用分析性复核、绩效评价等新方法的同时，还综合使用多种技术方法，提升了审计应对复杂经济环境的能力。另一方面，审计手段信息化水平不断提高。审计署正在建设中的金审工程，是中国国家信息化的重要组成部分。金审工程确定了组成对财政财务收支实施有效监督的国家信息系统的总体目标，建设了集审计业务支撑、审计办公管理、领导决策支持和信息资源共享于一体的审计管理系统，集计算机审计功能、专业审计方法、审计项目管理和审计信息交互于一体的现场审计实施系统。两套系统已在全国各级审计机关和审计人员中推广应用，在提升审计监督综合能力方面取得了较好的效果和效益，充分发挥了审计信息化在维护国家财政经济秩序、提高财政资金使用效益、促进廉政建设方面的作用。[99]

（四）审计管理效能得到提升

随着国家审计的深入发展，审计管理水平也在不断提升，在审计人员管理、业务管理等方面采取了诸多措施，审计能力得到全面提升。首先，审计人员管理科学化水平不断提升。审计署十分重视审计人员在不同岗位的交流锻炼，审计干部交流主要采取两个途径：一是通过制定审计署内部干部轮岗和交流制度，鼓励和引导审计干部一专多能、全面发展。审计署机关和派出机构组织厅局级、处级干部交流次数逐年增加，处以下级别干部的交流和轮岗更是家常便饭。二是审计署与审计系统外其他各部委和地方省市建立了良好的干部交流机制，选派审计干部到系统外单位和部门任职锻炼，促进审计干部开阔视野、丰富阅历，全面提高工作能力。目前，审计署已经建立了自己的专业职称体系，分为初级、中级（审计师）和高级资格（高级审计师），只有取得专业资格的人员，才可以被聘任为相应的专业技术职务。[100]专业技术初、中级资格实行全国统一考试，通过全国统一考试获得资格的人员，表明其已具备担任相应审计专业技术职务的水平和能力。高级审计师资格实行考试和评审相结合的评价办法，获得资格考试合格成绩并通过资格评审，才能取得高级审计师资格。审计专业资格证书由人力资源和社会保障部、审计署联合认证，高级审计师资格评审工作也是在这两个部门的统一领导下进行。其次，审计业务管理规范化水平不断提升。审计署建立了审计项目质量控制体系，实行审计项目全过程质量控制；建立了审计执法监督制和审计执法责任制，通过审计复核、审计复议和审计项目质量检查等方式，有效减少了审计人员在审计过程中主观随意、滥用职权等现象的发生，使审计质量和依法审计的水平稳步提高；建立了审计结果公告制度，提高了审计工作透明度。审计署注重加强对审计工作的管理，规定了外勤审计的“八不准”纪律。[101]这一举措有力地维护了审计的独立性，树立了审计机关的良好形象，保障了审计机关依法有效履行审计监督职责，得到了社会各界的一致好评。

（五）审计总体环境得到改善

国家审计总体环境得到改善，审计能力的发挥得到保障。一是审计时间和审计经费更加充足。科技进步促使审计效率得到提升，审计有效时间增加。国家财政收入不断增多，用于审计工作的经费更加充裕，审计经费被列入预算保障，审计外勤工作也有明确的补助标准，审计工作得以顺利实施，审计事业得到了前所未有的支持。二是审计法律法规体系建设逐步完善。审计法律是由国家规定或认可的，具有法定约束力，由国家强制力保障其遵守执行的审计规范。国家审计法律按照其制定主体和法律效力等级不同，可具体分为国家审计法律类规范、国家审计法规类规范和国家审计规章类规范（含审计准则类规范）。审计法律类规范是指全国人民代表大会及其常务委员会制定的宪法和各项法律中对国家审计的规定；审计法规类规范是指国务院制定的行政法规和地方人民代表大会及其常务委员会制定的地方性法规中对国家审计的规定；审计规章类规范是审计署颁布的审计规章以及国家审计准则，国务院其他各部门和地方人民政府制定的行政规章中对国家审计的规定。[102]20世纪80年代开始，国家审计法规进行了重新构建，逐步形成了现今国家审计法律法规体系（表3－1）。三是审计工作条件得到了改善。审计办公环境、审计工作日常需求都能够得到满足，审计活动基本不会受制于工作条件的影响。四是更加重视审计文化宣传工作。审计署专门成立了审计署宣传工作领导小组，统一领导审计宣传工作。近年来，审计署利用多种途径和形式，卓有成效地开展审计宣传工作，不断扩大审计的社会影响，为审计能力的有效发挥和审计工作开展创造了有利的舆论环境。审计署设有专门的报社、出版社和互联网站负责进行审计宣传，出版《中国审计报》《中国审计》《中国财经审计法规公报》《中国审计年鉴》等多种文献资料、审计教材、国外审计译著以及与审计业务有关的其他书籍和电子音像出版物。[103]

表3－1 国家审计法律法规体系

<table>
<tr><th colspan="4">类 别</th><th>法律法规名称或内容</th></tr>
<tr><td rowspan="12">审计法律法规体系</td><td colspan="3">法律类规范</td><td>《中华人民共和国审计法》</td></tr>
<tr><td rowspan="2">行政法规类规范</td><td colspan="2">全国性法规</td><td>《中华人民共和国审计法实施条例》</td></tr>
<tr><td colspan="2">地方性法规</td><td>《北京市审计条例》《深圳经济特区审计监督条例》《宁夏回族自治区社会保障资金审计监督条例》《广东省任期经济责任审计结果运用办法》等。</td></tr>
<tr><td rowspan="7">部门行政规章</td><td colspan="2">审计准则类规范</td><td>《中华人民共和国国家审计准则》</td></tr>
<tr><td colspan="2">审计项目类规范</td><td>审计机关审计项目计划管理规定、审计机关审计项目计划管理办法、审计机关审计项目质量控制办法等。</td></tr>
<tr><td rowspan="4">审计管理类规范</td><td>审计主体管理规范</td><td>审计署关于审计专业技术资格管理的暂行规定、审计机关审计管辖范围划分的暂行规定、审计署关于国务院部门派出机构管理的规定。</td></tr>
<tr><td>审计行为管理规范</td><td>审计机关审计处理处罚的规定、审计机关审计听证的规定、审计机关审计复议的规定、审计机关审计行政应诉管理的规定。</td></tr>
<tr><td>审计过程管理规范</td><td>审计机关关于审计复核工作的规定、审计机关审计处理处罚的规定、审计机关审计统计工作的规定、审计机关审计行政强制性措施的规定、审计机关计算机辅助审计办法。</td></tr>
<tr><td>审计信息和档案管理规范</td><td>审计机关通报和公布审计结果的规定、审计机关审计档案工作的规定、审计机关公文处理的规定、审计机关审计信息工作的规定、审计署审计结果公告试行办法。</td></tr>
<tr><td colspan="2">审计督导规范</td><td>审计机关指导内部审计业务的相关规定、审计机关指导监督社会审计业务的相关规定。</td></tr>
<tr><td colspan="3">审计评价依据</td><td>预算法、税收征管法、海关法、各种税法、企业法、公司法、会计法、经济合同法等财经方面的法律，以及国务院有关部门、地方人大及地方人民政府颁布的财经行政法规、地方性行政法规和行政规章。</td></tr>
<tr><td colspan="3">法律法规行政救济</td><td>行政复议条例、行政诉讼法、国家赔偿法等。</td></tr>
</table>

二、社会审计能力建设概况

注册会计师审计制度的确立是中国实行改革开放政策，建立社会主义市场经济体制的必然要求，对促进改革开放和经济发展发挥了重要作用。

（一）注册会计师能力不断增强

2005年6月，中国注册会计师协会发布了《关于加强行业人才培养工作的指导意见》（下文简称《指导意见》），明确提出了加强行业人才培养的指导思想、总体思路和具体措施，在业内外引起了强烈反响。专业胜任能力是指注册会计师具有专业知识、技能和经验，能够经济、有效地完成客户的委托。中国注册会计师协会依据注册会计师胜任能力框架体系的要求，通过构建资格前教育、继续教育培训和在职学位教育相结合的科学的人才培养体系和培养机制，全面指导注册会计师教育、考试、培训等人才能力建设工作。[104]《指导意见》对注册会计师专业胜任能力相关的专业知识、专业技能、专业态度和职业道德等方面提出了具体的建设内容，认为注册会计师应该具备包括会计、审计、财务管理、金融、法律、税务、信息技术、管理以及外语等方面内容的专业知识；对变革和发展的应对能力、沟通能力、决策能力、协作能力、市场开拓能力和战略管理能力等专业技能；正直诚信、社会责任、职业道德、职业审慎、良好的职业风范以及追求卓越等专业态度和行为规范。《指导意见》对注册会计师能力建设提出的具体建设内容和要求，有助于注册会计师开展针对性的能力建设活动。

（二）注册会计师协会的作用日益突出

中国注册会计师协会成立于1988年11月，1996年10月和1997年5月分别加入亚太会计师联合会和国家会计师联合会，加强了与境外会计师职业组织的交流，目前已拥有团体会员5000多家，个人会员15万余人。首先，中国注册会计师协会通过创建考试制度为中国注册会计师行业的健康发展提供了重要的人才支撑。中国注册会计师协会至今已组织数十次考试，经过不断的改革完善，建立健全了考试基本制度体系、质量保证体系和组织管理体系，累计10余万人取得全科合格证，注册会计师考试已成为国内声誉最高的执业资格考试之一。其次，中国注册会计师协会制订了战略发展规划。近些年，我国经济社会的全面进步和改革开放的持续深化，特别是我国经济与世界经济的日益融合，对注册会计师行业建设提出了更高的要求。为此，中国注册会计师行业实施了包括人才战略、国际趋同战略和做大做强战略在内的行业发展战略，行业能力建设取得令人瞩目的新突破。为不断提高注册会计师胜任能力，加快培养国际化人才，深入实施会计审计准则体系，财政部注册会计师考试委员会于2007年初做出决定，启动注册会计师考试制度改革工作，进一步发挥注册会计师考试对深入实施行业发展战略的重要支持作用，中国注册会计师协会的作用进一步得到提升。再次，中国注册会计师协会始终关注大学审计、会计专业学历教育中对未来职业能力的培养。中国注册会计师协会把开办行业MPAcc和EMBA在职学位教育作为培养行业高层次、国际化专业人才和管理人才的主要途径，管理层、注册会计行业和教育界主要把注意力集中在注册会计师职业后续教育对职业能力框架体系的培育上。[105]

（三）注册会计师管理效能明显提高

中国注册会计师协会十分注重管理效能，积极发挥协会的组织管理作用，多次举办各类培训班，并且十分注重行业领军人才培养工作向梯次化培养模式调整，通过考试方式，在全行业内选拔行业领军人才后备人选，形成以培养行业领军人才和国际化注册会计师为先导，推动行业做大做强、走向世界；以培养广大执业注册会计师为基础，提升行业执业队伍的整体素质；以培养CPA专业院校学生为后盾，保证行业后备人才力量不断壮大的新型发展模式。

三、内部审计能力建设概况

（一）内部审计人员能力建设概况

根据需要，我国内部审计机构可设置总审计师，审计业务较少的单位可只设置内部审计人员。内部审计人员应当具备必要的专业知识和技能，实行与国家审计人员相同的专业技术资格制度。

参考南京审计学院时现、毛勇以及中国内部审计协会易仁萍《国内外企业内部审计发展状况之比较——基于调查问卷分析》[106]的研究成果，可以发现我国内部审计人员构成中专职人员占69.39%，兼职人员占30.61%；20年以下工作年限的约占95.16%，其中工作年限不足5年的占41.08%；企业内部审计活动及开展情况见表3-2，企业内部审计人员对审计职业相关知识了解程度的调查结果见表3-3。

表3－2 企业内部审计活动及开展情况 单位：%

财务审计	经济责任审计	专项审计	投资项目审计	经济效益审计	内部控制审计	物资采购审计	合规性审计	其他审计	风险审计	舞弊审计	IT审计
23.70	20.21	11.40	10.97	8.41	8.37	5.61	3.77	3.13	2.60	1.36	0.47

表3－3 企业内部审计人员对审计职业相关知识的了解程度

问题选项	公司法	证券法	税法	会计法	审计法	合同法	信息披露准则	公司治理准则	会计准则	独立审计准则	内部审计准则	准则间的国际比较
不熟悉	6%	24%	0	0	0	1%	21%	31%	1%	1%	7%	51%
一般了解	72%	73%	45%	37%	16%	73%	67%	60%	52%	56%	69%	47%
非常熟悉	22%	3%	55%	63%	84%	26%	12%	9%	47%	43%	24%	2%

由此得出结论，根据企业内部审计活动及其开展情况和企业内部审计人员对审计职业相关知识了解程度两项调查的结果分析，我国国有企业内部审计的重点在经营活动审计方面，主要集中在财务审计、经济责任审计等方面，也经常开展投资项目审计、经济效益审计、内部控制审计等活动，风险审计、舞弊审计和IT审计开展得较少。我国内部审计更加注重知识和内部审计准则执行方面的能力，国有企业内部审计人员对税法、会计法、审计法、会计准则等基本法规的内容非常熟悉；对与企业经营相关的知识与准则，如公司法、证券法、合同法、独立审计准则、内部审计准则、公司治理准则等熟悉程度相对一般；对准则间的国际比较普遍陌生。经过选拔录用的内部审计人员具备了内部审计工作所需的知识结构，基本满足内部审计工作所需的能力要求。

（二）内部审计学会审计能力建设概况

1984年，我国成立了中国内部审计学会，正式开展内部审计工作和交流学习。2002年，经民政部批准，学会更名为中国内部审计协会，使其成为对企业、事业行政机关和其他事业组织的内审机构进行行业自律管理的全国性社会团体组织。中国内部审计协会依据《中华人民共和国审计法》《审计署关于内部审计工作的规定》以及《中国内部审计协会章程》开展工作，为中国内部审计的规范化建设、理论探索创新、实践经验的交流、内审人员岗位培训与后续教育、指导内审机构开展业务建设、开展国际间的互动学习以及提高内审工作的科学技术水平，提供了全方位的服务。中国内部审计协会在审计署的监督指导下，自发形成了会员代表大会组织，制定了协会章程，并依此开展内部审计活动。中国内部审计协会会员代表大会拥有明确的组织机构（图3－1）。中国内部审计协会章程包括：协会的权威名称、性质、成立的宗旨、与审计署的关系、协会地址；协会的业务范围；协会会员的资格、权利与义务；组织机构和负责人的产生与罢免；资产的管理与使用原则；章程的修改程序；终止程序与终止后的财产处理；解释权及生效日期等内容。[107]

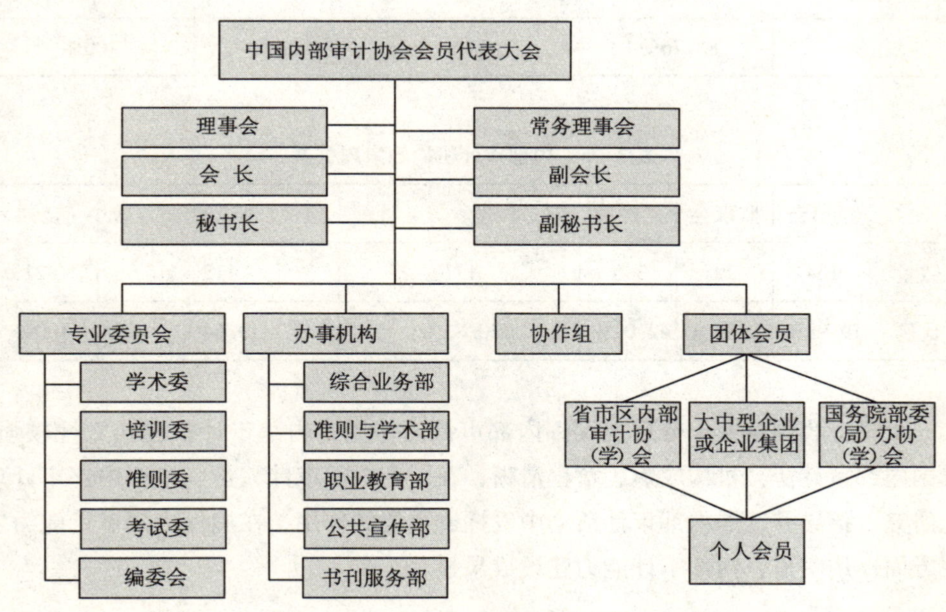

图3－1　中国内部审计协会会员代表大会组织机构图①

① 资料源自 http：//www. audit. gov. cn/cysite/docpage/c340/200301/0109_ 340_ 668. htm.

参考南京审计学院时现、毛勇以及中国内部审计协会易仁萍《国内外企业内部审计发展状况之比较——基于调查问卷分析》[108]的研究成果，可以发现我国企业在内部审计机构设置和机构隶属关系方面的特点：一是在被调查的企业中，83.76%的企业设置了内部审计机构（表3-4），在设置内部审计机构的方式上表现为独立设置和非独立设置两种主要形式，其中约占被调查总数77.22%的大多数企业选择独立设置的方式，说明大多数国有企业重视内部审计的作用。二是根据调查数据显示（表3-5），我国国有企业内部审计机构归属董事会、总经理及副总经理、总会计师领导的比例最高，合计达到82.83%，体现了“高管层”主导的基本特征。

表3-4　企业设置内部审计机构情况

设置情况	设置	其中独立设置	未设置	合计
数量	821	634	159	980
比例	83.76%	77.22%	16.24%	100%

表3-5　内部审计机构的隶属关系

	董事会	监事会	总经理	副总经理、总会计师	纪检、监察部门合署	合计
数量	164	29	345	171	112	821
比例	19.98%	3.53%	42.02%	20.83%	13.64%	100%

可见，我国企业十分重视发挥内部审计的作用，内部审计机构独立性较强。我国内部审计协会机构成熟、章程清晰，在培训内部审计人员、组织内部审计理论研究、指导并开展内部审计活动中发挥着重要的作用，在确保内部审计能力发挥方面作用明显，内部审计能力建设成果显著。

第二节　外国审计能力建设的简要介绍

一、外国国家审计能力建设概况

（一）审计人员能力水平较高

1. 不同国家最高审计机关审计人员数量和专业技能水平不同

以欧盟各国为例，其最高审计机关的角色是不同的，所以工作人员的人数和专业技能也都不同。如在英国，审计人员基本都是会计师，辅以有其他学科专长的人员和研究人员。波兰和爱沙尼亚最高审计机关里的审计人员都要求取得一定的学位，斯洛文尼亚和马耳他也基本上是如此。[109]欧盟国家最高审计机关职员数量差异较大，意大利拥有约3200人，波兰和德国审计机关职员也在1500～1700人，表明这些国家审计力量比较充足。英国、西班牙、葡萄牙、法国、希腊、匈牙利、比利时和欧洲审计院的职员数量在600～800人，爱沙尼亚、卢森堡、马耳他、斯洛文尼亚等国审计职员的数量不足百人，基本与各国经济规模相匹配。专业技能掌握方面，会计学、商务学、经济学是所有国家审计机关职员所必须拥有的技能，具备律师、公共管理、社会科学、政治学、财务学等学科背景的人员也是审计机关职员的重要组成部分。

2. 注重基础知识及后续教育培训工作的作用

以日本会计检查院为对象开展研究，可以发现：一是注重基础知识积累。日本会计检查院每年4月份在新的财政年度开始时录用大学或大学以上学历的毕业生，毕业生的专业背景包括法律、经济学、商学、文学、自然科学、工程等。二是注重职业发展趋势和个人成长潜力。录取毕业生时会在一定程度上考虑会计检查院机关工作的发展趋势，但毕业生在会计检查院的发展与他们所学的专业没有直接关系。在制定人员录用政策时，日本会计检查院认为是否能成长为合格的审计师要比教育专业背景更加重要。在录用的新毕业学员中，学习土木工程、建筑、电子、机械工程和计算机等自然科学的学生录用率一直保持在全部录用人员的20%左右，他们会被分配到从事公共工程审计或计算机审计的部门去工作。三是注重审计人员来源渠道多样化。除了录用已掌握一些基本技能的大学或大学以上学历的毕业生外，日本会计检查院还会录用有专业领域经验的人员来及时处理必要的审计工作事项。这类人员多数与会计检查院签订了工作合同，期限是两年或者更长时间，这类人员包括：曾在会计师事务所工作过且拥有注册会计师资格的人员；曾在其他政府部门或地方政府部门工作过且拥有相关专业知识的人员；曾在其他政府部门工作过的从事土木工程、建筑或电子技术工作的人员等。他们主要在会计检查院从事技术咨询工作，向各个审计部门提供审计技术咨询。四是注重后续培训教育。日本会计检查院的工作人员还需要根据自己的级别和各种需要参加各类培训课程，凡40岁以下的工作人员必须参加公共工程审计、财务审计、计算机审计以及效益审计中至少一门高级技术课程的培训；所有工作人员无论年龄和级别都要参加实用建筑审计、政府资助部门的财务报表审计、个人电脑应用和会计等特别课程的培训。会计检查院也会派人参加日本国家税务学院，国家土地、基础设施和交通学院，国家和海外研究生院，会计学院，语言学院等机构开设的培训课程。此外，在职培训也是一种常用的提高审计专业能力的有效方式。[110]

（二）外国审计机关组织结构各异

1. 美国政府责任署组织结构情况

2004年7月，美国会计总署（General Accounting Office）更名为美国政府责任署（Government Accountability Office，GAO），以进一步提高美国联邦政府的绩效，保证联邦政府尽到对国会和公众的责任。美国政府责任署隶属于立法部门，向国会报告工作并对总统及其下属的行政部门独立行使监督权，主要部门包括总审计长办公室、总法律顾问办公室（OGC）和检察长办公室（OIG）。美国政府责任署的负责人是总审计长，其独立性较强，主要表现在以下几个方面：一是任命规格高；二是任期时间长，为15年；三是不得随意罢免；四是工薪待遇高；五是经费单列预算；六是可自行决定机构设置与人员配备，不受其他部门和个人的影响。由于美国政府对政府责任署及其负责人赋予了较高的权力和待遇，所以审计部门可以独立行使审计监督权，各州的国家审计部门与政府责任署在独立性方面基本一致，这对保证审计能力发挥起到了十分重要的作用。

2. 欧盟各国最高审计机关组织结构情况

欧盟各国家主要存在四种类型的最高审计机关①（表3－6）。欧盟国家最高审计机关，最高级别的决定由审计长或主管领导做出和集体做出两种类型（表3－7）。[111]欧盟各国审计长的任命方式、任期和任期保障也各不相同。每个国家提名审计长或审计负责人的方式各不相同，最高审计机关里的领导人有些是终身任职的，或者是直到特定退休年龄才退休的，通过保障审计长的任期来加强最高审计机关的独立性，这是确保审计独立性的一种方法，除了任期不同以外，保障审计长任期的组织方式也不尽相同。欧盟各国结合政治体制所形成的最高审计机关组织结构，有效地保证了各自国家审计工作的独立性，对于审计能力的发挥以及持续开展审计能力建设活动起到了应有的保障作用。

表3－6　欧盟最高审计机关结构的类型

类型	典型国家
具有司法功能的法院	法国、比利时、葡萄牙、西班牙、意大利、希腊等
没有司法功能的合议结构	荷兰、德国、卢森堡、欧洲审计院等
独立于政府的审计机构由审计长或一位主管来领导	英国、爱尔兰、丹麦等
隶属于行政部门	瑞典、芬兰

表3－7　最高审计机关的决策制定

由总审计长或主管制定	集体制定
拉脱维亚、塞浦路斯、爱尔兰、瑞典、芬兰、英国、奥地利、丹麦、立陶宛、爱沙尼亚、匈牙利、马耳他、斯洛伐克、斯洛文尼亚	捷克、法国、比利时、西班牙、葡萄牙、德国、希腊、卢森堡、荷兰、意大利、欧洲审计院、波兰

（三）重视发展审计技术手段

以美国政府责任署为例，其审计技术手段发展迅速，审计工作能力较强。美

① 这个分类体系不包括奥地利。奥地利是一种独特的模式，由一位主管领导，在中央、地区和地方开展审计工作。

国国家审计在1970年前，还完全是人工审计，进入20世纪80年代，美国各级审计部门逐步配备了计算机，开展计算机辅助审计。经过几十年的努力，美国国家审计人员已经完全掌握了计算机审计技能，审计工作能力大大增强，审计工作效率大幅提升。

（四）注重提升审计管理效能

以欧盟各国为例，欧盟主要国家最高审计机关十分注重审计质量管理效能，特别是审计报告的形成、沟通和使用能力的建设。一是欧盟各国最高审计机关注重审计报告的形成。英国和爱尔兰的最高审计机关在执行了财务审计之后，不会对整个政府出具审计报告，而是对每个部级单位单独提交一份审计报告。其他国家则把在政府部门中发现的情况汇总成一个审计报告。爱沙尼亚的最高审计机关每年都会对公共机构的合并账目出具审计报告。波兰最高审计机关每年对议会提出一份审计报告，名为“国家预算执行情况分析与财政政策指导”，这份报告总结了针对有权支配预算内资金的单位账目审计和绩效审计结果。意大利和希腊最高审计机关的审计报告内容还包括对约束公共管理的法律法规所提出的改进意见。[112]二是注重加强与被审计单位的沟通。在形成审计报告的过程中，都会与被审计单位保持沟通，但是对审计报告内容达成共识的过程是不同的。一般来说，最高审计机关（如英国、塞浦路斯、匈牙利和马耳他）会把一份审计报告草稿送交被审计单位，最高审计机关会考虑被审计单位的反馈意见，并在必要时修改审计报告；有一些审计主体（如欧洲审计院）把被审计单位的意见一并写入审计报告中；有一些国家（如爱尔兰和荷兰）对审计报告内容达成一致的过程制定严格的时间表。英国国会的公共账目委员会希望国家审计署与每个被审计单位都能就事实是否清楚达成一致意见。不过，在爱尔兰，审计工作双方不一致的意见会被写在审计报告里。在德国、丹麦、荷兰和葡萄牙情况也大致如此，被审计单位的意见会包含在审计报告正文或者附件里。[113]三是欧盟各国立法机构注重对审计报告的审阅和利用。审计报告被各自国家的审计委员会和整个议会使用的频率很高，奥地利、比利时、意大利、波兰和西班牙等国家的审计报告甚至可以被地区和地方机构所使用。

（五）审计机关资金保障稳定

欧盟绝大多数国家的立法机构都会在决定最高审计机关运行费用水平方面起

到一定的作用。不过，在葡萄牙、爱尔兰、德国、荷兰和奥地利等不少国家里，行政机构也会在某种程度上介入这个问题。在英国、比利时和卢森堡等国家里，最高审计机关可自行向国会的专门委员会提出预算，然后由立法机构批准。在西班牙，最高审计机关自行起草和批准其预算草案，然后这份草案会以独立单元的形式包含在国家预算当中，由议会批准。在丹麦，最高审计机关提出自己单位的预算建议，由立法机构做预算。这些稳定的资金来源，有效地保障了欧盟国家审计机关能力的发挥。

二、外国社会审计能力建设概况

（一）国外注册会计师能力建设起步早、发展快

1. 美国注册会计师能力建设概况

早在20世纪60年代，美国注册会计师协会（AICPA）就开始了对审计人员能力的建设，AICPA于1967年发布了《职业知识框架》，1968年又发布了《会计职业的院校教育准备》，并两次进行更新，对美国的会计、审计教育产生了深远影响。1986年，美国会计学会（AAA）发表了《未来的会计教育：为日益扩展的职业做准备》，倡导大学教育应强调技能的培养。为响应AAA的报告，当时的“八大”于1989年联合发布了《教育的视野：会计职业成功的能力》，提出了注册会计师所需具备的能力和知识框架，同时资助AAA成立了会计教育改革委员会（AECC）。AECC通过调查，于1990年发布了《会计教育的目标：第1号立场申明》，指出会计教育的目的是培养学生具备专业人员应有的素质，包括表达能力、信息处理能力、决策能力、基础知识（会计、审计和税务）、经营知识、职业道德及领导能力。AICPA于1998年发布了《新财务职业的能力模式》，于1999年发布了《进入会计职业的核心胜任能力框架》，从影响注册会计师行业的政治、经济、社会、技术、人力资源和规范等因素入手，归纳出注册会计师的核心价值、核心服务及核心能力，为会计教育由知识型转向技能型提供了理论支持。[114]

2. 国际会计师联合会对注册会计师能力建设的概况

国际会计师联合会（IFAC）在20世纪90年代中期开始对胜任能力进行研究。在1996年曾发布了第9号国际教育指南《预备教育、专业胜任能力评价及执业会计师的时间要求》，提出了会计教育应使会计人员具备持续学习的技能并

能适应环境变化，注册会计师的能力应来源于知识、技能和价值观。联合国国际会计和报告标准政府间专家组于1999年发布了《职业会计师资格要求指南》，向各国推荐关于职业知识教育的大纲。[115]2003年10月，国际会计师联合会颁布了国际教育准则，为会员团体的执业、会计教育计划和实务经验拟订了准入条件，并对如何评估入门资格做出了说明，对作为职业会计师候选人需要具备的智力技能、技术和功能技能、个人技能、交际和交流技能以及组织和商业管理技能等综合技能进行了说明。2005年4月，颁布《审计专业人员胜任能力要求》，规定了审计专业人员应具备的专业知识、专业技能、职业价值、道德和态度、后续教育以及从事特殊环境和行业的最低限度的专业胜任能力。

3. 其他国家注册会计师胜任能力建设概况

加拿大、英国、澳大利亚、新西兰、南非等国家的注册会计师组织都先后于20世纪八九十年代对胜任能力框架进行了研究，并发布了相应的文告。[116]

欧美主要国家十分重视注册会计师能力建设，一是这些国家能力建设起步较早，美国早在20世纪60年代就开始能力建设实践，80至90年代欧美主要国家以及国际组织能力建设活动更加频繁；二是这些国家非常重视职业胜任能力的建设，通过颁布能力框架、职业指南等多种形式的文告来加强能力建设。

（二）国外注册会计师协会组织结构完备

1. 美国注册会计师协会组织结构概况

美国注册会计师协会（AICPA）是美国全国性会计职业组织，也是世界上最大的会计师专业协会，前身是1887年成立的美国公共会计师协会，1957年更为现名。美国注册会计师协会拥有规则制定权、业务监管权和部分违规处罚权。AICPA通过包括会计程序委员会（CAP）、会计原则委员会（APB）、会计研究分部（ARD）、会计名词委员会在内的其所属各委员会，就会计准则与标准、实务技术与方法、审计准则与程序等方面开展研究工作，并发表大量专题文告。美国注册会计师协会历史较长，其所属委员会改组变化较大，目前权威性较强的所属委员会有：会计和审查业务委员会、会计标准执行委员会、审计准则委员会、联邦税务执行委员会、管理咨询业务执行委员会、职业道德执行委员会等。1986年，为加强对经济形势的预见和适应，又成立了战略规划委员会。注册会计师协会负责制订教育计划，其中包括：进入会计职业界的人员必须接受为时一个学期总计150小时的培训；协会所有会员必须接受继续教育，以保证知识更新等内容，为促进其会员在知识和业务方面的提高，协会还定期出版多种会计审计刊物。

2. 国际会计师联合会组织结构概况

国际会计师联合会（IFAC）于1977年正式成立，前身是1972年成立的国际会计职业协调委员会，最高领导机构是代表大会和理事会，理事会下设教育委员会、职业道德委员会、国际审计实务委员会、国际大会委员会、管理会计委员会、计划委员会和地区组织委员会等七个常设委员会，分别规定了不同的工作范围和期限。近些年，国际会计师联合会成员不断增加，会员来自125个国家和地区的164个成员组织和准成员组织。1997年中国注册会计师协会正式加入，成为其成员。国际会计师联合会在促进国际范围内的会计协调、发展和提高世界范围的会计专业具有重要作用。

（三）国外注册会计师协会注重教育管理

以美国注册会计师协会为例，美国注册会计师协会对注册会计师和会计师事务所的管理包括：制定审计相关准则和规则；组织注册会计师考试和阅卷；进行后续教育及促进并督促准则和规划的实施。美国各州也有自己的会计师协会。美国注册会计师协会十分重视后续教育培训，组织500多名不同领域的专家开发并编写了培训计划。计划注重对注册会计师应具备的基本能力、技术能力、共享知识和核心培训等能力素质的规定，其主要目标包括：一是促进参培人员增加专业知识，提高自身能力，提高工作效率，改进工作成果，更好地胜任本职工作；二是增强参培单位和组织的凝聚力，提高组织士气，增强组织内成员信心，使成员朝共同目标努力。

三、外国内部审计能力建设概况

（一）国外内部审计人员能力建设概况

1. 德国注重内部审计人员专业技能训练

德国很重视对内部审计人员的培训工作，内部审计人员一般都需要接受会计公司的专业培训，培训课程分为基础课程和高级专业课程，一次培训的时间大约为半年。内部审计人员培训后大多还需要再经过两年以上的实践，才能成为内部审计的专业人士。在高级专业培训中，会计公司还聘请法律专业人士授课，进行有关审计数据保密、建设工程投资、内部控制、人事管理、商品采购、营销和管理制度审计等方面的专业理论培训。[117]

2. 美国注重内部审计人员基础能力和后续教育培训

美国内部审计发展较快，已成为一个公认的专门职业，对包括注册内部审计师和内部审计师在内的审计人员提出了能力要求：一是要具备丰富的专业知识。注册内部审计师资格必须经过资格考试获得，专业人员必须严格遵守注册内部审计师协会制定的职业道德准则，内部审计人员还应具备相应的知识体系。美国内部审计师协会设立了教育委员会，专门研究内部审计师应具备的知识结构，提出内部审计师必须要掌握会计与财务、行为科学、经济学、经济法规、定量分析法、会计与管理制度程序设计、电子信息处理等学科的知识。二是要不断接受继续教育培训。在美国，内部审计已发展成为一种成熟的社会职业，内部审计师协会致力于向内部审计人员提供教育和培训工作。1972 年，美国内部审计师协会专门设立了向内部审计师签发证书的项目，推行注册内部审计师考试，现在每年在美国和世界其他地方进行两次内部审计师考试。企业管理当局也常常鼓励内部审计人员参与各种学术团体活动，并为其提供接受继续教育的机会，美国内部审计人员能力得以不断提高。[118]

（二）国外内部审计组织管理概况

1. 德国内部审计组织管理概况

德国开展内部审计已有百年的历史，现有内部审计从业人员 5 万人左右。在德国，无论是私营企业还是国有公司都设有内审部门，并配备了相应的内部审计人员。内部审计工作规范，70% 的企业有内部审计手册，95% 的企业有内部审计准则。在德国，凡是公司经营活动涉及的领域都是内部审计的工作对象，如资金运用、财产管理和运作、产品的生产过程、采购、营销、战略目标的制订和实施、人员薪酬等。审计内容主要包括财务收支审计、内部控制系统审计、人事审计、管理效益审计、舞弊审计、环境审计等。德国企业根据自身特点和管理方面的需求采取隶属于董事会的内部审计、总经理领导下的内部审计以及财务副总经理领导下的内部审计等不同形式的审计组织方式。德国企业内部从事内部审计工作或具有内部审计职责的人员主要有股东、监事和内部审计人员三种类型。德国内部审计人员奖惩制度很严格，审计成果显著就会得到更多薪水，工作失误、舞弊或出现欺诈行为将会受到严厉处罚甚至被解雇。[119]

2. 美国内部审计组织管理概况

美国内部审计组织具有较强的独立性和较高的地位，美国企业内部审计机构是基于企业自身经营管理需要设立的，它是企业内部控制机制的一个重要组成部分，服务于企业经营管理过程中。美国由于企业规模和在国民经济中的地位不同，其内部审计机构设置不同。许多公司内部审计至少向副总经理负责，向董事会领导下的审计委员会负责的也为数不少，可见美国的内部审计直接向企业最高权力机关负责，从而加强了内部审计的独立性和权威性。在美国，内部审计的工作范围也是在不断变化，内部审计早期主要工作是财务收支审计，随着管理需要，内部审计工作范围不断拓展，不仅在财务审计上，审计领域涉及经济、效益、效果的方方面面，并深入到内部控制系统的监督、经济责任的评价、经济项目的评估等领域，审查范围扩大到公司所有业务部门以及一切内部控制制度，包括各项业务控制，如采购、销售、开发、质量管理、人员培训等，形成了管理审计、经营审计、综合审计等体系，内部审计能力取得了重大发展。[120]

第三节 对我军审计能力建设的主要启示

一、军队审计能力建设要适应军队建设发展

30 年来，国家审计的发展始终是沿着中国特色社会主义这条主线在迈进，始终是在改革开放和民主法治建设不断变化发展的新形势下进行的。国家审计能力建设十分注重国情需要，始终与国家经济社会发展的要求相适应，具体体现在：一是审计能力建设与国家治理的需要相适应。20 世纪 80 年代以来，我国经济稳步发展，国家各级财政收入大幅增加，对国家审计提出了更大的需求。为保证国民经济健康运行，促进经济社会科学发展，国家审计率先提出审计工作要发挥“免疫系统”预防、揭露、抵御和修复四大功能，为此，国家审计重点加强了国家审计机关和审计人员预防、揭示、查处问题的能力。具体做法包括完善法规制度，维护法规制度的严肃性，增强依法审计能力；在制度机制上，建立结果公开制度，维护广大人民群众知情权，建立跟踪审计制度，加大审计督促整改力

度；在审计技术手段建设方面，适应国家审计的发展趋势，加强信息化手段建设，增加审计工作科技含量；在审计人员能力建设方面，重点加强审计人员判断分析、查处问题的能力。二是审计能力建设与市场经济体制的变化相适应。社会主义市场经济体制的建立提供了展示审计工作的广阔前景，审计监督和服务的对象日益增加，范围日益扩大，内容日益丰富，审计工作与整个社会经济生活的联系达到空前的程度。随着改革开放和社会主义市场经济的深入发展，新的市场经济运行机制的有序运转，社会审计监督在市场经济发展中的基础作用、服务作用越来越受到重视。会计师事务所改革、注册会计师队伍建设紧紧围绕社会审计的发展趋势，制订自身建设目标，在基础能力和服务能力建设方面取得明显成效。中国注册会计师协会审时度势，发布了加强行业人才培养工作的指导意见，改革了注册会计师考试制度。三是审计能力建设与企业自主经营和竞争环境的变化相适应。企业自主经营的规模不断扩大，企业数量不断增加，企业间竞争尤其是参与国际竞争更加激烈，企业为加强管理，对内部审计的渴望明显增强，需要内部审计人员和内部审计机构提供高质量的审计监督。随着大型跨国公司、综合型企业的不断涌现，内部审计业务范围进一步拓展，中国内部审计协会在为中国内部审计的规范化建设，理论探索和实践经验创新、交流，内部审计人员岗位培训及后续教育，指导内审机构业务建设，开展国际间交流学习等方面提供了全方位的服务，科学有效地指导了内部审计机构和内部审计人员能力建设。内部审计部门和人员把能力建设主要方向与企业自身经济活动的重点方向保持一致，有针对性地加强不同企业自身业务发展所需能力的建设。信息技术的发展，国际间交往的频繁，使得我国企业内部审计部门也要不断学习利用信息手段，开发具备自身需求和特色的审计软件满足审计工作需要。国际审计的发展以及我国对外经贸往来的增加，加速了我国审计法律法规与国际的趋同。

军队审计工作要想有效地肩负起军事经济监督的职责使命，确保军队审计能力得到科学高效的建设，首先要把军队审计所面临的形势、部队建设对审计的要求搞清楚，要使审计能力建设与军队全面建设相适应。“十二五”时期，是实现国防和军队现代化“三步走”发展战略第二步目标的头五年，是整体推进全面建设现代后勤的关键时期，全军上下正在加快推进军队现代化建设进程，加速战斗力保障力生成模式转变，对军队审计工作在保打赢、促廉政、强建设、增效益、严执法等方面提出了新的更高的要求。当前和今后一段时期军队建设发展的中心任务是贯彻和落实中央军委关于军队建设的决策部署，这就要求军队审计能力建设要坚持以军队建设大政方针和目标任务为牵引，把围绕中心、服务中心作为根本出发点和落脚点，不断提升军队审计能力水平。军队审计能力建设服务部队建设需要，就是要围绕推动国防和军队建设科学发展这个主题，围绕加快转变战斗力生成模式这个主线，围绕落实军队改革任务这个重点加强审计能力建设。要牢固树立科学建设、和谐发展的理念，以改革创新的思路和办法推动审计自身建设；要重点考虑部队对审计能力的需求，准确确定能力建设内容；要明确审计能力建设目标，合理选用建设方法；要制订审计能力建设计划，有效整合审计资源；要在完善能力建设制度机制、改进审计方式手段、加强审计队伍建设、强化审计业务能力等方面下功夫，全面提升军队审计能力。总之，军队审计能力建设不能脱离军队建设发展方向，要始终与军队全面建设保持一致。

二、军队审计能力建设要符合审计发展规律

经济社会高速发展的同时，审计事业自身也在不断发展进步。一是审计法制化进程不断加快。我国审计能力建设过程中，十分注重发挥法规制度的保障作用。一方面，注重依法审计能力的建设。加强审计法律法规体系建设，充实完善各类审计法规，使审计法规制度齐全完备，做到审计行为有法可依；确保审计行为遵守法律规定，使审计工作严格按照法规规定执行，做到审计活动有法必依；制定审计违法行为的惩罚措施，做到审计主体违法必究。另一方面，注重发挥法规制度在审计能力建设中的作用。以法规的形式指导审计能力建设，确保审计能力建设有据可依，增强能力建设的权威性和执行力度。以制度的形式落实能力建设，促进审计能力建设常态化，增加审计能力建设的科学性，确保能力建设效果。欧美审计工作发展较快的国家十分注重制度机制在审计能力建设中的作用，为确保审计独立性，各审计组织都制定了适合自身发展的审计制度，包括审计体制的选择、审计职责的规定、审计类型的确定等。内部审计和社会审计组织为了提升规避风险的能力，在审计机制建设方面，做了积极有益的尝试。例如，内部审计部门制定的审计奖惩机制，对审计成果显著、成绩突出的审计人员，在经济上和精神上给予奖励；工作失误或舞弊会受到严厉处罚甚至被解雇。注册会计师行业、内部审计机构都很重视审计培训工作，不断完善培训机制，包括制订合理的培训计划、强制性的培训时间规定、培训内容的安排等，并且将审计人员技术

等级的提升与参加培训或后续教育的情况相结合，有效地确保了审计能力的不断发展。二是审计信息化水平不断提升。近些年，计算机技术和信息技术突飞猛进，审计对象信息化程度明显增加，审计信息化建设迅速跟进，审计信息化的快速发展提高了审计效率，节约了审计时间和审计成本。2002 年 5 月，审计署正式启动金审工程，标志着审计信息化大规模建设的开始，其核心是利用先进的计算机技术、通信技术、网络技术、多媒体和流媒体技术、数据库技术，依托政府电子政务网络平台，建成对财政、银行、税务、海关等部门，重点国有企事业单位以及其他重点被审计单位的财务信息系统及相关电子数据进行密切跟踪，对财政财务收支的真实性、合法性和效益性实施有效审计监督的信息化系统，这一系统的建成为审计系统的行政管理、业务管理以及信息资源共享提供了良好的工作平台。企业内部审计也相继开发了一些办公软件，这些软件是内部审计信息化的助推器，有效推动了内部审计信息化的建设发展，是实现内部审计信息化的捷径。三是审计科学化管理不断加强。随着审计组织结构的稳定，审计人员能力素质的提升，审计先进技术手段的运用以及各方面对审计质量的高要求、高期望，审计自身管理效能也在不断提升。国外审计注重从实务角度加强审计管理，以提升审计能力。国外审计能力建设更加注重审计实践方面的建设，重点对审计程序执行能力、审计业务范围拓展能力、审计服务质量控制能力等进行了建设。审计程序执行能力建设方面，美国政府责任署注重审计计划能力建设，审计计划的制订区分战略性计划与短期计划，审计计划中明确阶段性审计重点，制订计划实施方案时充分考虑战略性计划内容和临时工作需要安排。欧盟国家重视审计报告的形成过程，审计报告需要经过充分的沟通，反复征求相关方面意见，审计报告中会出现被审计单位的意见。在报告使用方面，欧盟各国对审计报告的使用率较高、适用范围较广，对审计报告的利用能力较强。审计业务范围拓展能力建设方面，欧美审计工作发展较快的国家已经具备了较高的绩效审计能力，事前与事后审计相结合能力也比较突出。此外，在环境审计、人事审计等新兴领域也具备了一定的审计能力。国内外社会审计和内部审计同样注重审计管理手段与方式的建设，在对审计人员后续教育、资格认证与注册、审计理论研究、风险控制方面都具备了良好的管理措施。

近些年，审计工作在军队全面建设中的地位、作用和影响不断增强，各级党委首长对审计工作更加重视、更加关心、更加支持，强化审计监督的氛围和条件进一步改善。经过20多年的实践和努力，我们对审计特点规律的认识和把握达到了新的高度，各项审计建设取得了历史性进步，具有我军特色的审计路子正在形成，审计法制化、科学化、现代化水平逐步提高。全面建设现代审计就是要拓展新的审计领域，突出事前审计、动态审计、经费源头审计，加强领导干部经济责任审计，建立完善审计立项、考评激励、责任追究、部门协作等运行机制，充分发挥审计监督职能。为此，提出了现代审计“六化”建设目标，即审计目标效益化、审计体制扁平化、审计手段信息化、审计行为规范化、审计人才复合化、审计管理科学化。军队审计能力建设要与军队审计事业发展相适应，要突破传统审计向现代审计迈进的转型期所遇到的困难和矛盾，在审计人员能力、审计组织结构、审计技术手段创新发展、审计科学管理以及审计环境建设上下功夫。

三、军队审计能力建设要遵循能力建设规律

能力建设有其自身的规律。首先，能力建设要兼顾个体能力和组织能力两个层次的建设；其次，能力建设要遵循能力生成发展的路径；再次，能力建设要注重发挥组织机构的引导作用；最后，能力建设还要兼顾客观环境的影响。

审计能力建设要兼顾个体和组织层次。审计能力按层次划分为个体和组织两个层次，要注重个体能力与部门能力的同步建设。我国国家审计能力建设在注重审计人员能力建设的同时，一直注重加强审计部门或审计机构整体能力的建设。把审计人员能力建设和审计组织机构能力建设目标相统一。一方面，要求审计人员履行好自身职责，具备担负审计组织所赋予审计任务的能力，具备应有的道德品质和职业素养。另一方面，审计组织还特别要求审计人员要为组织发挥集智作用，每名审计人员要把个人发展的目标统一到组织发展要求中去，形成组织的合力。我国社会审计和内部审计也十分注重通过行业管理和监督手段提升行业内审计人员的审计能力，由于会计师事务所和不同类型的企业所承担的主要业务不同，相应的，社会审计和内部审计组织机构对审计人员的能力要求就有所区别。会通过组织培训、对审计人员进行专题授课等后续教育，开展有针对性的能力培养。但是社会审计和内部审计组织机构并没有因此减弱对组织能力的要求，同样重视审计组织能力的建设，重点从法规制度、技术方法、管理手段等方面提升审计组织能力。国外审计，无论是最高审计机关还是各类审计组织机构，都很注重审计人员在审计组织机构中的重要作用，无论是作为最高审计机关的领导者，还

是组织机构内的一名普通审计人员，都应当具备足够的审计知识、审计专业技能和职业品德。此外，还要保证审计个体应当享有的政治、经济、生活等各方面的待遇，尤其是作为国家审计最高审计机关的领导者，通常都享有较长的工作年限保证，以便其更加独立地开展审计工作，充分发挥审计能力。国外社会审计和内部审计十分看重个人能力，并且把审计人员的学历背景、知识结构和工作经验作为选拔进入审计组织机构的任职条件和考核要求。所以，军队审计能力建设过程，从制订能力建设目标、计划，到采取能力建设措施、实施能力评价，都应该区分能力层次，要把个体能力置于组织体系内加以建设，要在加强组织能力建设过程中兼顾个体能力的有效发挥，从而加强能力建设的针对性、科学性。

审计能力建设要注重能力发展路径。日本会计检查院十分注重能力的发展路径，在制定审计人员录用政策时，日本会计检查院认为是否能成长为合格的审计师要比专业教育背景更加重要，虽然在政策制定上存在较大难度，但是能够尊重能力发展的流程。同时，日本每年录用的新任自然科学专业审计人员一直保持在20%左右的数量，并分配到相关专业，确保了审计岗位和能力的匹配。在后续能力教育方面，也制定了严格的制度，规定了必修和选修教育内容，强制和自主学习相结合，借助地方高校开展后续培训，形成了良好的教育氛围。我们国家审计采取招聘制度，重视职称、学历等体现能力水平的指标，同时注重道德素质方面的要求。近些年，随着审计署人才工程建设启动，更加注重从审计人员选拔、培养、使用到后续教育的全过程能力建设。我国社会审计和内部审计一贯注重能力的后续建设，确保能力的不断发展，保持能力循环的顺畅。能力形成发展是从能力生成、能力开发、能力培养、能力运用、能力管理到能力更新的过程，军队审计能力建设也离不开能力形成发展的普遍规律。能力建设是循序渐进、辩证发展的动态过程，军队审计能力建设亦应如此，要把审计能力的培育、提升、使用和评价作为军队审计能力建设的主要环节。

审计能力建设要重视组织机构的作用。研究国内外审计能力建设的情况可以发现，组织机构在审计能力建设中发挥了重要的指导作用。国家审计体制下，各级审计部门具备各自的职责和任务，同时也肩负着开展本级审计能力建设的重要使命，以期更好地完成自身职责，给人民满意的答复。中国注册会计师协会（简称中注协）在社会审计能力建设以及中国内部审计协会（简称内审协会）在内部审计能力建设中，更是发挥了举足轻重的作用。中注协在全国范围内组织开展注册会计师、注册审计师资格考试，选拔具有资格的审计人员，组织资格审核、后续教育等工作，有效地确保了社会审计能力的运行发展，提高了社会审计能力水平。内审协会成立以来，更是为中国内部审计的规范化建设提供了积极指导，在内部审计理论探索和实践经验的创新、交流，内审人员岗位培训及后续教育等方面发挥了重要的作用，在开展国际间的互动学习、提高内审工作的科学技术水平等方面提供了全方位的服务。军队审计能力建设过程，要充分发挥单位党委和审计业务指导部门在能力建设中的重要作用，无论是建立能力建设制度、健全审计队伍建设机制、补充审计资源还是评价审计能力水平，都离不开组织机构的统一指挥和协调。

审计能力建设要兼顾客观环境影响。审计能力建设既要注重对审计主体能力的建设，也要关注审计环境对审计能力建设的影响。良好的审计环境包括稳定的体制、充足的经济保障、审计对象对审计工作的认同与支持、审计的地位、充足的审计时间、正确的审计舆论导向等。良好的审计环境有利于激发审计主体的潜在能力，促进审计能力的提升，更好地服务审计工作的开展。近些年，国家审计发展迅速，稳定的政治经济环境、审计的社会地位提升为国家审计能力建设提供了良好的环境，同样，审计事务所能力的不断提升，也得益于国家为社会审计发展创造的优越环境。内部审计能力强的组织，通常其领导层给予内部审计工作各方面的支持力度都很大。由此可见，审计环境对审计能力建设具有不可忽视的影响作用，军队审计能力建设更要重视客观环境的作用。要创造有利于军队审计能力建设的良好氛围，优化审计能力建设的宏观条件；要健全有利于军队审计能力建设的政策制度，优化审计能力建设的中观条件；要构筑有利于军队审计能力建设的效应场①，优化审计能力建设的微观条件。

除上述规律外，军队审计能力建设遵循能力建设规律还应当注重建设方式方法：一是重视审计知识在能力建设中的基础地位。把夯实知识基础、改善知识结

---

① 效应原指物理或化学作用所产生的效果，后泛指某个人的言行或某种事物的发生、发展在社会上所引起的反应或效果。场是物质存在的一种基本形态，具有能量、动量和质量。实物之间的关系依靠场来实现。利于军队审计能力建设的效应场包括的内容很广泛，如激励效应场、共生效应场等。以共生效应场为例，简要论述其与审计能力建设的关系。在向同一目标进取的过程中，军队各审计部门和审计人员在相互交流中会加深相互间的需求和依赖，自然形成以审计能力较强的部门或人员为核心的能力集团。这种高能力的出现对周围的审计部门或人员会产生辐射效应，促使周围向其不断学习直至超越，这样周围的审计部门和人员的审计能力就会有很大提高。所以这种效应场的构筑对审计能力建设具有重要意义。

构、强化知识运用能力作为能力建设的主要方向，注重增强知识效能、提升知识质量、激发知识活力。二是突出目标计划在审计能力建设中的凝聚作用。发挥能力建设目标的导向作用和能力建设计划的动力作用，通过制订和调整目标和计划，引导审计资源在投向投量上体现绩效性，引导审计能力朝着需要的方向建设。三是发挥制度机制在审计能力建设中的保障作用。完善审计能力建设的法规制度，确保审计能力建设有法可依；形成审计能力建设相关机制，使得审计能力建设行为常态化。四是注重实践操作在能力建设中的转化作用。“只有人们的社会实践，才是人们对于外界认识的真理性标准。”[121]知识和素质在实际行动中表现出来，在实际活动中得以外化和检验，就体现和确认为能力。实践操作是能力形成的一个十分关键的中介，军队审计能力建设过程中要注重发挥实践操作能力的转化作用。

第四章　军队审计能力建设总体构想

第一节　军队审计能力建设目标与原则

作为军队战斗力的重要组成部分，军队审计能力的强弱不仅决定军队审计质量的高低，而且会影响到军队建设整体水平。因此，要合理制定能力建设目标与原则，科学指导军队审计能力建设。

一、军队审计能力建设目标

军队审计建设发展“十二五”计划明确提出军队审计建设发展总体目标：“各项审计职责得到有效履行，审计监督领域和覆盖面不断拓宽；建设现代审计取得重要进展，转变审计方式迈出实质性步伐；审计质量水平明显提升，审计成果得到有效运用；审计工作机制不断优化，审计环境条件进一步改善；审计队伍结构更加合理，审计人员能力素质有新的增强。”可以看出，军队审计能力建设已被列入“十二五”时期军队审计建设总体目标。明确目标，军队审计能力建设才能始终围绕着目标扎实推进，建设的内容、重点和具体措施才能更加有的放矢、不走弯路。研究历史，可以发现我军审计一直以来都以全面履行审计职责为己任，审计能力建设始终围绕履行好审计职责这一目标，不断发展提高。国家审计能力建设要满足不同体制下立法机构或行政机构对审计的职责要求，但不约而同地提到了要具备有效履行职责的审计能力；社会审计和内部审计则是以提供高质量的审计服务为职责，提出了审计能力要满足提高审计质量的要求。学习借鉴国内外审计经验可以发现，虽然不同类型审计的审计职责不同，但围绕审计职责确定审计能力建设目标是共同的。

(一) 军队审计能力建设总体目标

军队审计建设发展“十二五”计划明确提出，到2015年要具备有效完成多样化审计任务能力的阶段性目标，长远来看，随着审计事业的不断发展以及新技术、新理念在审计领域的出现，审计职责不断地被赋予新的意义，要具备履行各项审计职责的能力，就是使审计能力建设要具有前瞻性和适应性。既要注重眼前急需加强的能力建设，还要对未来能力发展进行预判，要具备满足未来需求的能力。

军队审计能力建设的总体目标是：立足审计工作实际，科学筹划军队审计人员能力建设，促进审计人员能力有新的增强；统筹抓好审计组织整体能力建设，促进审计组织能力有新的突破。要使得能力主体具备更强的有效履行各项审计职责的能力，始终保持审计能力跟得上审计工作需求与发展的脚步。军队审计能力建设总体目标提出了审计能力建设的前提是要立足审计工作实际，目的是统筹抓好审计人员和组织能力建设，基本途径包括整合审计资源、建立能力制度、完善能力机制以及评价能力水平，最终使能力主体达到具备更强的有效履行各项审计职责的能力。具备有效履行各项审计职责的能力，包括以下几个方面的含义：一是能力主体要具备对军事、政治、后勤、装备各系统，军事资源配置、使用、管理、问效等各环节，重点领域、重大项目、重要部位以及官兵关注热点问题的审计能力，有效履行军事经济活动延伸到哪里，审计工作就跟进到哪里，审计范围有效覆盖的职责。二是能力主体要具备以法规为准绳、以事实为依据，依法严格，敢于较真碰硬，大胆揭露、反映问题的能力，有效履行提升审计质量、确保审计结果经得起历史和实践检验的职责。三是能力主体要具备对普遍性、倾向性问题和典型案例的研究分析，从体制、机制和制度上提出审计意见和建议，在更宽领域、更高层次、更大范围发挥军队审计预防、揭露和抵御功能的能力，有效履行为军委、总部和各级党委决策提供可靠依据的职责。四是能力主体要具备加强审计部门自身建设，不断巩固和发展勤于学习、忠于职守、爱岗敬业、清正廉洁、甘于奉献良好氛围的能力，有效履行建设学习型、复合型、廉洁型审计队伍的职责。

(二) 军队审计能力建设具体目标

具体来讲，军队审计能力建设目标可以依据军队审计能力构成的分类方法，划分为审计人员审计能力建设目标和审计组织审计能力建设目标。

1. 审计人员审计能力建设目标

审计人员应具备坚实的基础能力、精湛的专业技能以及优良的交际能力。一是审计人员要具备坚实的审计基础能力。包括要储备必需的审计知识，获取相关领域的业务知识、法律常识，具备基本的外语和信息应用能力，具备及时更新知识的能力；具备较强的科研学习能力，形成良好的自主学习的习惯，撰写科研文章、参与学术研讨、创新审计实践的能力；具备审计工作所要求的岗位资格和资历，具有一定的审计工作经验。二是要具备精湛的专业技能，包括行为技能和认知技能。行为上要具备清晰的逻辑思维，善于组织协调、灵活运用审计技术的能力。认知方面，要具备鉴别分析技能、调查研究技能、情况处置技能、总结归纳技能以及专业文书处理能力。三是要具备良好的交际能力，要具备良好的表达沟通能力，作为审计组织参与者的团队协作能力，作为审计组织领导时带领下属并激励其工作积极性的能力（表4－1）。

表4－1　军队审计人员能力建设目标

	构成	要素	目标内涵
军队审计人员能力建设目标	基础能力	知识	要具备从事审计工作必需的学历学位，系统地学习过审计基本理论、方法及相关业务知识，了解审计法规，掌握必要的信息技术，具备一定的外语水平，具备接受继续教育、参加必要培训的经历。
		科研学习能力	完成日常审计及相关业务学习计划，发表审计专业学术论文，参与审计实践创新活动。
		经验	具备审计工作经历，获得从事审计工作必需的资格证书，达到符合从事审计工作需要的职称要求。
	专业技能	逻辑思维能力	具备敏锐的逻辑思维，能够对工作中遇到的情况快速准确地形成概念，发现并总结出规律。
		组织协调能力	具备对审计任务进行落实与督办、与被审计单位健康沟通、科学合理组织协调审计工作的能力。
		技术运用能力	能够在审计活动中熟练运用各种审计方式方法及技术手段。
		鉴别分析能力	善于抓住问题的关键，具备正确鉴别审计证据真伪和有用性，准确分析审计证据相关性、可靠性的能力。
		调查研究能力	能够充分地运用调查技术掌握客观事实的历史、现状，并在大量占有第一手材料的基础上，从中获得某些规律性的认识，正确预测发展趋势，并且能够运用其指导实践活动。
		情况处置能力	能够对突发事件及时做出反应，具备拿出恰当的解决方案、合理处置特殊问题的能力。
		总结归纳能力	具备对查处问题进行合理归纳并做出正确总结的能力。
		专业文书能力	具备审计工作必要的文书写作能力，能够正确使用各类审计文书，处理各类公函。

续表

	构成	要素	目标内涵
军队审计人员能力建设目标	交际能力	表达沟通能力	善于表达自己的思想和情感，能够获得别人的理解和支持，与上下级、同事、被审计对象保持良好工作氛围。
		团队合作能力	具备主动协作、参与团队的意识，服从团体领导者的指挥，能够与团队其他成员形成良好的交流沟通渠道。
		领导艺术	具备领导其他审计人员共同开展审计工作，在工作上获得下级认可与支持的能力。
		激励本领	善于调动自我或他人的积极性、创造性，能够为达成目标创造条件，具备有效激励工作伙伴的能力。

2. 审计组织审计能力建设目标

审计组织应具备审计实施能力、审计管理能力和审计创新能力。一是要具备开展审计工作、完成审计任务的能力，审计组织要具备审计质量控制能力、审计程序履行能力、审计业务拓展能力以及审计决策建议能力等审计活动所必备的核心能力。二是要具备科学管理的能力，审计组织作为组织层次能力主体，应具备组织管理审计工作、控制审计行为、干预审计心理、传承与发展先进审计文化、营造廉洁文明审计环境的能力，真正体现审计组织在审计活动中的地位和作用。三是要具备一定的创新能力，包括审计技术方法创新和审计科研创新，在运用新技术、发展新方法、开创新思路方面有所建树（表4－2）。

表4－2　军队审计组织审计能力建设目标

	构成	要素	目标内涵
审计组织审计能力建设目标	审计实施能力	审计质量控制能力	审计组织具备采取措施有效控制审计质量的能力。
		审计程序履行能力	审计组织具备正确履行从审计准备阶段、实施阶段到终结阶段的工作步骤和顺序的能力。
		审计业务拓展能力	审计组织具备对新兴经济活动领域开展审计监督，有效履行审计新职能的能力。
		审计决策建议能力	审计组织具备向党委首长提出具有针对性的、科学合理的决策建议的能力。

续表

	构成	要素	目标内涵
审计组织审计能力建设目标	审计管理能力	组织管理能力	审计组织具备进行宏观决策、制订审计发展规划、安排审计项目等管理活动的能力。
		制度管理能力	审计组织具备正确制定审计制度、依照制度实施管理、对违反制度行为进行纠正与处罚的能力。
		人员管理能力	审计组织具备对其内部审计人员行为以及心理活动正确引导、实施管理的能力。
		环境管理能力	审计组织具备对廉洁、文明审计环境进行塑造、监督和管理的能力。
	审计创新能力	审计技术方法改进能力	审计组织具备创新审计手段、改进审计技术的能力。
		审计科研训练创新能力	审计组织具备创新审计理论研讨、审计业务培训以及各类审计教育、科研、训练活动内容与方式的能力。

二、军队审计能力建设原则

军队审计能力建设是一项非常艰苦而复杂的系统工程，绝不是一朝一夕就能达到的，必须遵循一系列基本原则。加强审计能力建设，要以循序渐进、均衡发展、整体优化为重要原则。

（一）循序渐进的原则

循序渐进的原则，就是根据军队审计建设和审计组织发展的轻重缓急，进行有计划、有针对性的建设，重点加强军队审计工作所急需和薄弱能力的建设，同时也要着眼于军队审计长远发展的需要，这是加强审计能力建设的前提和基础。

首先，适应军队审计工作岗位职责的要求。军队审计能力建设，应当以满足审计岗位职责要求为方向，无论是审计人员还是审计组织审计能力建设，其首要任务是满足军队审计工作的需要，基本要求是能够有效发挥审计职能，确保审计工作发挥应有的作用。因此，要紧紧围绕审计工作职责的需要，有针对性地加强相关审计能力要素的建设，把基础能力建设作为建设基础。

其次，适应军队审计服务能力整体提升的需要。当前，军队审计工作面临着审计能力与提供高质量审计服务的要求不相适应的矛盾，主要表现在审计队伍知识结构单一，复合型、创新型人才相对缺乏，懂查账的多、会分析的少，完成一般性工作的多、能胜任大项任务的少，与出大主意、当大参谋、出大成果的要求还有差距。军队审计能力建设要把综合分析、出谋划策的能力作为建设重点。

再次，适应军队审计改革、发展与创新的需要。创新审计工作方式方法提出了由微观审计向宏观审计拓展、事后审计向全程审计拓展、真实合法审计向绩效审计拓展、以手工为主审计向以计算机技术为主审计拓展的要求。军队审计能力建设，就是要把提升宏观审计能力、全程审计能力、绩效审计能力和计算机审计能力作为建设方向。

（二）均衡发展的原则

均衡发展是指审计能力建设要兼顾重点建设与全面建设、纵向建设与横向建设、能力挖掘与能力培养、自身建设与环境建设，能力建设注重不偏不倚，科学适度。首先，要坚持重点建设与全面建设的统一。军队审计能力建设不是一味盲目地追求全面发展，也不是各种审计能力简单的平均发展，而是要在全面建设的同时突出重点。不同类型不同级别单位的战斗力、保障力生成模式各不相同，审计组织的职责任务也会有所差异，不同类别部队审计组织，其任务侧重点不同；同一个审计组织内，不同职责的审计人员所需要的审计能力内容也存在较大差异，负责基本建设审计和事业审计工作的审计员所需要的知识结构和能力要求也不一样。在进行能力建设时，既要对军队审计工作普遍需要的能力进行全面建设，也要考虑到各审计人员和组织的特殊性突出重点能力的建设。

其次，要坚持纵向建设和横向建设的统一。从发展方向角度讲，能力建设有两个向度：纵向和横向。能力建设的纵向是指能力建设是与时俱进的，随着社会进步而不断发展的，是能力建设的深度，军队审计能力建设应当考虑能力要素的复杂性、建设过程的连续性以及建设方向的趋向性。能力建设的横向是指能力建设具有全面性，是能力建设的广博程度，即能力建设的多样化程度。随着军队审计领域的不断拓展，人们认识的不断提高，审计能力的划分越来越细，对能力建设的要求会更加精细化。纵向和横向两个向度并不是毫无联系地并列存在，它们是相互联系、辩证统一的。

再次，要坚持能力挖掘和能力培养的统一。军队审计能力建设既要注重挖掘潜在的、待开发的审计能力，也要注重培养已有的审计能力。挖掘新能力，就是要运用各种方法手段，激发审计能力主体的潜能，使之形成审计主体的新能力；

培养已有能力，就是要进一步加强、提升审计能力主体已具备的审计能力，进一步优化各种能力的结构和组合，确保审计能力发展的持续性。

最后，要坚持自身建设与环境建设的统一。军队审计能力建设，既要考虑能力主体自身建设，从主观方面加强能力素质的培养，还要注重客观环境对能力的影响，通过改善审计环境提升能力水平。军队审计能力建设中，审计能力主体的水平决定了审计整体能力的水平，主体能力建设应作为建设重点。客观环境对审计能力的发挥有较大的影响，加强审计环境的建设对审计主体更好地发挥审计能力具有促进作用。

（三）整体优化的原则

亚里士多德有一句名言："整体大于部分之和。"结构理论告诉我们，某一系统功能的大小，并不单单取决于数量，关键在于其内部结构的优劣。例如，同是碳原子，既可形成石墨这种软物质，又可形成金刚石这种硬物质。[122]从哲学层面讲，能力建设是一个动态优化、调整控制的过程。军队审计能力建设要实现整体的强大功能，取决于两个方面：一是能力各要素水平，二是诸能力要素的合理结构。要提高审计能力的整体水平，就必须在提高能力要素水平的同时，不断优化能力要素结构，以期发挥出巨大的潜能。整体优化，对审计人员来说，就是根据他所负担的职责和任务，对各种能力构成要素进行合理的调整、控制，从而达到最大效能的过程。对审计组织而言，就是根据部门内每一个人的能力水平，通过组织行为，充分利用好组织内的个人能力，调动起个人积极性，形成一个优化的群体，从而发挥出最佳整体效能的过程。

首先，科学设立能力建设目标，实现个体能力和组织能力的统一。军队审计能力构成具有层次性，既有个体层面的能力要素，也有组织层面的能力要素。军队审计能力建设既要考虑个体审计能力建设的需要，也要考虑组织审计能力的建设需要；既要把个体能力置于组织体系内进行针对性的建设，也要在组织能力建设时照顾到个体能力的实际。要做到审计个体能力和组织能力建设的协调统一。

其次，正确把握能力建设方向，实现强项能力与弱项能力的统一。每名审计人员和每个审计组织的能力情况都不相同，就会存在能力的强项与弱项之分。既要巩固和加强强项能力的建设，也要尽快弥补能力弱项，提高弱项能力的建设，努力使审计组织的审计能力与军队审计的发展保持同步，促使审计人员弱项能力尽快达到审计组织要求的水平。在审计能力建设过程中，也要注重能力缺项的建设，促进审计能力的全面发展。

最后，合理确定能力建设内容，实现认识能力和实践能力的统一。“能力按其形态分为认识能力和实践能力。同时具备较强的认识能力和实践能力，才算是比较完全的能力”[123]。认识能力包括审计理论知识和认知技能；实践能力是指审计实践知识和行为技能。可见，优化审计能力结构，形成最佳效能，必须从认识能力和实践能力二者的结合上入手，使二者彼此渗透，和谐发展。一方面，要构筑合理的知识结构，既能满足工作的需要，又富有自身的特点；另一方面，在实践中不断优化调整能力结构，关注对能力的需要产生影响的工作职责的细微变化。

第二节 军队审计能力建设的基本思路

军队审计能力建设是一个不断推进发展的过程，要促进审计能力的可持续发展，必须明确能力发展规律的建设思路。根据历史经验，参考国内外做法，结合建设现状，军队审计能力建设，要深入贯彻落实科学发展观，立足军队审计工作实际，紧跟军队建设发展步伐，通过创新能力建设方式，培育壮大审计能力；优化能力要素构成，整合提升审计能力；改善能力发挥环境，有效释放审计能力；构建能力评价体系，科学评价审计能力，着力促进军队审计人员和审计部门审计能力的全面提高。

一、创新能力建设方式，培育壮大审计能力

培育壮大能力是实现能力从无到有、从弱到强的过程。军队审计能力的培育壮大，是军队审计能力建设的重要内容。培育壮大军队审计能力，主要是通过加强内部挖潜和优化外部环境，采取学历教育、经验积累、审计技术改进、法规制度建设等方式方法实现。学历教育，作为能力建设的重要途径，为审计人员能力的形成进行了知识积累，学历教育是有目的、有计划、有组织、有资源的能力建设形式，可以提高审计人员能力形成和积累的速度和效率。学历教育的本质是通过获取他人的知识和技能来总结提高自身能力水平，奠定审计人员能力基础。经

验积累，是通过自己在生活和工作经历中总结出来的经验教训，实现自身的非投资性的能力建设，是运用已有能力培育新能力的必要过程。经验积累到一定程度，可以形成审计人员的能力。审计技术改进能够全方面促进审计能力更新的加速，审计技术贯穿审计活动全过程，对审计核心能力的形成尤其重要，发现问题、分析问题、解决问题、报告问题的每个环节都不同程度地受到审计技术方法的影响，审计技术方法的改进为审计核心能力的形成奠定基础。审计法规制度建设，为军队审计能力建设提供制度上的保障，为能力建设奠定制度基础。健全审计法规制度，指导审计能力建设活动沿着正确的道路和方向前行，确保各项审计能力建设目标不脱离审计法规规范。审计技术改进和审计法规建设，为培育审计组织能力奠定了基础。

二、优化能力要素构成，整合提升审计能力

整合提升能力是实现能力从无序到有序、从分散到聚合、从参差不齐到以长补短的过程。通过对能力构成要素进行优化组合，使得各能力要素都能够发挥出各自最大的效能，达到1+1>2的效果，从而提升军队审计整体能力，是军队审计能力建设的重要途径。整合提升军队审计能力，通常是通过内部和外部共同作用得以实现的，主要包括增加在职培训机会、促进岗位交流、加大科研训练投入力度、优化审计资源配置等方法。如果说学历教育是对预备劳动力的能力积累，继续教育就是对工作岗位上现实劳动力的能力提升。能力的发展是不断前进的周期性活动，单靠学历教育难以得到提升，继续教育可以更好地体现实践性，更有利于审计能力的创新发展。岗位交流是通过将审计人员轮换到不同的岗位，为其寻求更高的成就需求和自我发展需要，从而提升和实现其自身价值，在交流中促进能力的提升和能力信息的传递。科研训练是有针对性地快速提升军队审计能力的最佳方法，从理论和实践两方面来完成审计能力的提升。优化军队审计资源配置，包括对审计人力资源、信息资源和技术资源的优化。一是根据审计人员的不同特长，对其进行最优组合，发挥各自所长，使审计组织能力大于组织内人员能力之和。二是对审计信息加以筛选和加工，挖掘信息之间的联系，扩大信息的适用范围，增加信息的流通渠道，提升审计信息的使用价值。三是对审计技术进行优化组合，在审计过程的不同环节运用不同的审计技术，不仅要开发与核心审计能力相关的审计技术，也要兼顾审计管理技术，促进审计能力全面建设、均衡

发展。

三、改善能力发挥环境，有效释放审计能力

有效释放能力是实现能力从潜能到显能、从内敛到外在的过程。军队审计能力的有效释放，是军队审计能力建设的关键环节。有效释放审计能力，就是要通过改善能力发挥环境，使能力从潜在形式转向现实形式，发挥出一种现实的、可感的、具体的力量。改善能力发挥环境，要重点做好三个方面的工作：一是建立健全有利于审计能力释放的制度。制度可以影响能力发展的方向、速率和水平，通过构建审计能力本位制度，树立能力本位的核心理念；通过构建审计科研训练制度，达到塑造“能力人”的目的；通过健全军队廉洁审计制度，促进审计能力的有效发挥。二是完善有利于审计能力释放的机制。能力建设机制贯穿于能力运行全过程，体现为能力运行的内外联系和相互制约，通过强化审计行为约束机制，做到能力有效使用；通过改进审计能力激励机制，做到能者有其享。三是采取有利于审计能力释放的措施。采取有效的管理措施，能够激发能力主体的正当需求和合理动机，达到促使潜能向显能转化的效果，通过选用能力建设好方法，增强能力建设针对性；通过塑造能力建设好环境，确保审计能力有效运行。

四、构建能力评价体系，科学评价审计能力

科学评价能力是对能力认识从忽视到重视、从模糊到清楚的过程，对于认识能力、发展能力具有重要意义。军队审计能力的评价既是军队审计能力建设的起点，也是军队审计能力建设循环过程的一个终点。作为起点，通过评价弄清楚评价对象的能力水平、认清能力差距、找准能力建设的方向和目标，为军队审计能力建设做好准备工作；作为终点，可以评价上一能力建设过程的成效，发现能力建设过程中的问题以及下一步需要改进的方向。科学评价军队审计能力是通过科学组织实施、采取科学的方法、制定科学的标准来达到科学评价效果的过程。目前，无论是对军队审计组织还是军队审计人员能力进行评价，想要得到精准的评价结果均存在一定困难，尽可能地实施科学评价是当前审计能力建设的方向。由于评价目的、评价主体、评价要求和评价重点的不同，对每个能力指标的认可程度具有较强的主观性，加之能力评价可量化的指标较少，因而得出的评价结论只能是尽可能地体现客观、公正和科学，但是评价结果依然可以用来宏观指导并促

进军队审计能力建设与发展。

第三节　军队审计能力建设的基本途径

军队审计能力建设主要包括四个基本途径：建立健全能力建设制度、不断完善能力建设机制、有效整合军队审计资源以及科学实施审计能力评价。

一、制度建设是军队审计能力建设的重要基础

军队审计能力建设制度是保障审计能力建设经常化、规范化的一种重要形式，军队审计能力建设制度应当包括审计能力生成阶段的能力本位制度，能力发展阶段的科研训练制度，能力运用阶段的廉洁审计制度。

一是建立健全审计能力本位制度。包括建立审计人员职称考评管理制度，对审计人员职称晋升所需的各项能力和素质要求做出具体细致的规定。建立审计岗位责任制度，明确审计组成员、审计组长、审计组织领导、审计局领导、审计处（室）领导、各专业审计助理员的岗位设置和各自相应的职责与权限。建立任职公示制度、岗位交流制度，以优化审计组织结构、激发审计人员活力，要逐步消除审计干部“能上不能下，能进不能出”和“不犯错误不下台，不到年龄不退职”的现象。

二是建立健全审计科研训练制度。包括建立审计日常学习制度，要保证审计人员的学习时间。建立审计理论研讨制度，定期组织理论研讨活动，组织理论成果的交流学习，对审计理论成果给予适当的奖励激励。建立各类审计培训制度，包括对新任审计人员的初任培训以及对在职审计人员的后续教育，针对两种不同类型的培训，制定不同的培训内容、组织方式，明确两者的具体能力要求。建立审计科研奖励制度，对在审计科研和审计实践创新方面做出重大贡献的审计人员、审计组织进行奖励，鼓励更多人员参与审计科研。建立审计业务交流制度，明确交流方式、交流时间、交流内容等，提升审计人员专业技能。

三是建立健全廉洁审计制度。包括建立健全审计主体廉洁从审公开承诺制

度，按照承诺时限可分为对审计工作进行长期承诺以及对参与审计项目期间进行承诺两种方式；按照承诺主体可分为审计组织的审计承诺、审计组审计承诺以及审计人员的审计承诺；按照承诺内容范围可分为进入审计行业的承诺和对参与具体审计项目的承诺等。建立审计人员述职述廉制度，对本人履行审计职责、落实廉洁从审及其他廉洁自律情况进行说明，对贯彻执行党风廉政建设以及落实干部廉洁从政若干规定的情况进行说明，对个人重大情况、家属和身边人员的教育管理情况进行汇报。建立审计人员廉洁从审责任追究制度，按照《中国人民解放军纪律条例》《军队党员干部廉洁从政若干规定》以及《军队审计人员廉洁从审规定》等相关规定的内容，制定审计人员和审计组织违反廉洁规定相关处理处罚制度，提升审计人员和审计组织的廉洁审计意识。

二、完善机制是军队审计能力建设的根本保障

军队审计能力机制建设主要包括强化审计行为约束机制和改进审计能力激励机制两方面。第一，要强化审计行为约束机制。一方面要建立审计主体自律机制。军队审计工作既有军队工作的特点，又具有审计行业的特点。在履行军队审计职责时，应当保持应有的客观独立、合理谨慎，要具备较强的责任感、使命感和事业心。一是要建立执业自律机制。自觉落实行为回避制度，形成审计工作互检互查机制，审计人员遵纪守法考评机制等。二是要建立廉洁自律机制。建清风气正的审计队伍，做忠诚于党的审计人员。坚持以人为本、教育为先的基本原则，积极推进军队审计组织廉政建设。三是要建立保密自律机制。军队审计工作中难免会涉及军事秘密，对审计事项和军事秘密要严格遵守保密规定。要建立审前保密承诺机制，审计人员要对审计工作保守秘密；建立密级审核准入机制，根据军队密级管理规定，安排符合密级知情权规定级别的审计人员参与涉密被审计单位或审计项目的涉密审计活动。另一方面要建立审计行为他律机制。建立审计行为他律机制，就是要监督跟踪审计人员，使之形成无私的形象。一是要强化对审计权力的监督，建立和完善审计权力监督机制，严把审计项目质量关，努力削减审计部门的自主裁量权，增加审计权力运行和管理的透明度，防止审计人员以权谋私，确保审计权力的正确使用。二是要创新审计质量控制机制，包括创新审计分权机制、审计复核机制、审计质量考核机制以及审计项目审理机制。

第二，要改进审计能力激励机制。激励包括正激励和负激励，激励机制应当

包括审计奖励机制和责任追究机制，建立并完善激励机制是能力建设的重要手段。对工作出色的审计人员和审计组织在精神、经济、职务、待遇、生活等方面给予一定的奖励激励，引导好审计能力主体的能动性，保护好审计能力主体的积极性，发挥好审计能力主体的创造性，不断加强审计队伍建设，全面提高审计人员综合素质，大力提升审计组织的凝聚力；对军队审计人员和审计组织工作失职的审计行为要严厉追究审计能力主体的责任，加大对审计舞弊行为的惩治力度，给其他审计人员和组织敲响警钟。要按照尊重知识、尊重人才、尊重劳动、尊重创造的要求，努力打造一支政治可靠、业务熟练、纪律严明、作风过硬的审计队伍。

三、资源整合是军队审计能力建设的基本举措

军队审计资源主要包括人力资源、财力资源、技术资源、信息资源、组织资源、文化资源以及其他能够为审计所用的潜在审计资源。资源整合的实质是资源合理配置的过程。[124]军队审计资源整合是指依据审计目标，在对所确定的被审计单位实施审计时，对现有的审计组织力量、审计人员的技术水平和业务能力等审计资源构成要素进行科学配置，形成最优组合的过程。对于军队庞大的规模来说，目前千人左右的审计力量严重不足，审计人力资源不足与高能力水平审计人才的缺乏直接影响到审计能力整体水平，国家审计和西方发达国家审计建设初期，也存在这样的问题，整合审计资源成为他们共同的选择，审计资源整合也是缓解审计资源供求失衡的必然选择。军队审计资源整合是军队审计能力建设的基本做法。这里所讲的资源，指的是军队审计能力及能力建设的资源，包括人力资源、信息资源、技术资源等能够投入到军队审计能力建设的一切要素。通过资源的合理配置，一方面，可以对有限的审计能力资源做科学有效的分配和使用；另一方面，在可能的范围内使审计能力得到最大限度的发展和增长。审计能力资源整合的目的，就是为实现审计能力建设的目标，将审计能力资源进行合理配置，使审计能力资源得到最优化组合，提升审计能力水平，最大限度地体现审计能力建设功效。

对军队审计能力密切相关的审计资源三大要素——审计人力资源、信息资源和技术资源进行整合，是军队审计能力建设的基本途径。第一，有效整合审计人力资源。审计人员是能力承载的主体，审计人员审计能力是军队审计能力的基本

构成，审计人力资源是重要的审计能力资源。首先，要严把审计人员入门关。要结合审计组织现有人员的特点和专业优势，有针对性地选择可弥补审计组织能力缺失的审计人员。要重视审计科研创新能力的需求，适当吸收经过院校正规教育的高学历审计人才进入审计队伍。人员选拔要注重对审计人员个人性格和品质的考察，要具备起码的职业道德和良好的个人品质。其次，要改进审计人员培训方式。从以往较重视短期培训和审前培训，急用先学，转变为既重视短期培训和审前培训，也重视中长期系统培训和专业培训，增加知识储备。要加强对审计人员审计技术与应用能力的培训，要将审计实践操作纳入审计培训工作中，提升审计人员的应用和操作能力。最后，要改变审计组的人员组成方式。对一些综合性较强的审计项目，要敢于开拓思路，打破专业界限、单位界限，抽调不同专业审计人员和综合部门人员共同组成审计组，分工协作，优势互补，以提高审计组织的组织层次和整体能力水平。要选拔具有较强领导和管理能力的审计人员进入审计组，发挥较高水平的组织协调能力。

第二，有效整合审计信息资源。随着信息技术的不断发展，为适应审计对象信息化水平，军队审计组织加快了自身信息化建设，信息资源在军队审计中的作用更加明显。一是要建立审计资源库，为各级审计人员和审计组织收集、储存并提供重要的信息资源，帮助其更好地发挥审计能力。包括建立审计人力资源数据库，掌握各级审计组织现有人员数量、年龄结构、知识结构和专业结构等情况；建立被审计单位资源数据库，掌握审计管辖范围内被审计单位的数量、建设目标、财务收支等基本情况；建立审计部门信息资料数据库，收集与审计工作有关的各类文件、会议材料、审计报告、审计意见、审计决定、审计简报等文字材料；建立审计法规数据库，在审计署法规库的基础上，汇集全军的财经审计法规，形成资源共享的法规库体系。[125]二是要注重审计信息资源共享工作，拓展审计信息资源的流通渠道，提高审计信息资源的利用率。一方面，要纵向加强上下级审计部门间的信息交流。上级审计部门应做好审计事项有关信息的通报工作；下级审计部门应及时上报获取的审计信息。另一方面，要横向加强各专业审计之间的信息沟通。积极拓展审计信息资源流通渠道，充分利用各专业审计中获取的资料信息，加大审计信息资源共享范围与力度，减少审计资源的重复建设，以提升审计工作效率，确保审计工作效果。

第三，有效整合审计技术资源。审计技术方法与技术手段是影响审计能力的重要因素，通过整合审计技术资源，能够有效提升审计能力。一是要创新审计的组织方式。拓展联合审计的方式，增加垂直审计、交叉审计的力度，为不同单位、部门或级别的审计人员提供相互交流学习的机会，在实践中寻找差距，在交流中提升个人能力。二是要创新审计技术方法。积极探索审计新方法，拓展审计新思路，通过前移审计监督关口，发挥审计预警作用，实施从源头、过程到审计结果的全方位监督；积极探索信息化条件下新的审计方式方法，重点研究计算机审计、内部控制测评、抽样审计、风险分析等方法的应用。三是要创新审计技术手段。要适应军队审计信息化建设需要，加强配套建设，实现审计手段由手工审计为主向以计算机审计为主迈进，加快审计信息化建设步伐；加强软件建设，继续加大对审计系统开发应用的投入，持续推进“军审工程”建设；加强网络建设，积极推进远程网络审计和信息系统审计，促进计算机在审计实务中的应用。

四、能力评价是军队审计能力建设的关键手段

能力评价是能力建设的重要环节，也是能力建设基本方法的进一步深化。实施军队审计能力评价，就是依据军队各级审计工作岗位的职责要求、各类审计主体能力构成要素，通过一系列科学手段和方法对评价对象审计能力的水平、结构和潜力等方面进行考察了解，做出公正评价的过程。

军队审计能力评价要运用观察判断、统计计算、谈话了解等方法，对军队审计主体能力进行客观、合理的评价。观察判断是通过观察评价对象在审计工作和日常管理中的行为表现，进而对其能力进行判断评价的一种方法，因此，观察判断法具有自然性的特点，观察判断的结果比较真实、客观，具有明确的目的性。统计计算的方法，是指通过对具体的指标进行数学统计和计算，得出一个准确的数字，来评价某项审计能力的大小。通常这类评价指标可量化，是以具体的数量指标体现能力的大小。谈话了解的方法是指经过精心设计，在特定场合下，以面对面交谈与观察的形式，由表及里对评价对象相关能力进行评价的方法，这种方法的特点是具有灵活性、复合性和直接互动性。

军队审计能力评价的过程，一般包括评价准备、制订方案、实施评价、调整数据、分析能力等若干阶段。首先，要做好能力评价准备工作。在实施审计能力评价前，需要掌握评价所需的相关资料和数据，针对不同的评价对象采取不同的评价方法，准备不同的资料。其次，组织强有力的评价机构。在评价实施前，应

确认评价主体，设立评价机构，具体负责评价过程中的事务性工作。再次，制订评价方案。审计能力评价方案要确定评价目的、评价内容、选择合理的评价方法。然后，根据评价方案实施审计能力评价。最后，待审计能力评价结果出来后，对评价结果进行汇总分析，将调整后的结果作为反映评价对象审计能力水平的重要指标，为审计能力建设提供参考。

军队审计能力评价的内容应当与评价对象能力构成要素相一致。对审计人员和审计组织分别进行评价时，应当对各自能力构成要素进行层次划分，对每一项审计能力进行权重赋值，来确定各项审计能力在评价对象整体能力中的重要程度。根据能力重要性的权重，对每项能力的水平进行评价，根据评价分值进行汇总、调整、分析，来确定评价对象的能力水平。需要注意的是，对具体能力评价时，有些能力是可以计算、量化的客观指标，有些能力需要评价主体进行主观评价，对不同对象针对相同能力评价时，要根据同一套指标并采取相同的评价标准。这就需要慎重考虑评价主体的人员选取，以确保评价的客观公正，避免引起评价对象之间的争议。

第五章　建立健全能力建设制度

审计制度是约束审计领域组织之间审计行为的规则，这些规则是人们在审计管理实践过程中反复探寻的结果。建立健全军队审计能力建设相关制度，是促进军队审计能力建设工作经常化、制度化、规范化的一种重要形式。军队审计能力建设制度的要素包括由谁来实施审计能力建设（建设主体），对什么进行审计能力建设（建设对象），凭什么实施审计能力建设（建设依据），为什么要建设（建设目标），怎样建设（建设手段和方法），建设过程有哪些环节（建设程序）等内容。前文已经对军队审计能力建设主体、建设对象、建设目标、建设思路进行了详细介绍，本章重点对军队审计能力建设有关制度所涉及的建设方法、建设程序进行论述。

军队审计能力建设制度具有以下功能：一是保障功能，即军队审计能力建设制度在保障能力建设主体和建设对象权益方面的功效和能力。审计能力建设主体与建设对象之间的主动与被动、领导和被领导的关系，涉及双方权利与义务、责任与利益，这些权益关系需要军队审计能力建设制度加以规定和保障。二是规范功能，即军队审计能力建设制度规范能力建设各种关系的功效和能力。在审计能力建设过程中，不可避免地要涉及和处理各方面的关系，如能力建设主体与建设对象的关系，能力建设权力与责任的关系，能力建设过程中各环节、各类方法之间的关系等等。通过制度安排来规范这些关系的边界和标准，能够为能力建设实践提供具有法力效应的依据。三是协调功能，即为避免审计能力建设过程中，各要素和环节之间互相掣肘、冲突，而形成的协同联动、相互促进、相互支持的关系。通过制定军队审计能力建设制度，对审计能力建设过程中的各种权责利关系进行规范和协调，以消除或弱化摩擦、冲突，疏通建设环节、降低建设成本、提升建设效率，为军队审计能力建设活动高效有序运转提供重要保证。

军队审计能力建设的相关制度要符合一定的原则：一是要符合审计法律规

定。要依据党、国家和军队的政策、法律、法规和审计工作条例规定，使其具备较强的约束力，便于审计能力建设活动的开展。二是要科学有效。要符合审计能力建设规律，相互衔接，以保证审计能力建设的质量和效果。三是要严密具体。制度内容严谨、稳妥、可靠，要求具体，责任分明。四是要切实可行。考虑到军队审计工作实际，实事求是，简明扼要，方便易行。审计制度既要有原则规定，又要有具体的实施办法；既要有一系列实体规定，又要有程序规则。按照军队审计能力从生成、发展到运用的不同阶段，军队审计能力建设制度应主要包括审计能力本位制度、审计科研训练制度、廉洁审计制度等内容。

第一节　构建审计能力本位制度

能力本位反映了一个社会意识形态的本质特征，是社会价值观念的基石和核心目标，它倡导以“能力充分正确发挥”为基础的现代价值观和实践指导观。军队审计能力建设的发展，必然要求我们确立能力本位的观念，鼓励审计人员正确发挥其能力、创造个人价值的同时也要为审计组织和军队审计事业贡献力量。

审计能力本位制度是军队审计能力生成阶段围绕军队审计人员这一军队审计能力载体提出的实施军队审计能力建设的重要制度，是军队审计能力建设相关制度的根本制度，其本质是讲求能力至上、公平竞争、能力与岗位职责相匹配，不仅要看审计人员能力的高低强弱，也要正确认识审计人员做出的实际贡献。军队审计能力生成阶段，一是要弄清楚军队审计能力建设对象能力水平，二是要明确审计岗位的能力要求，三是要设计好审计人员进入军队审计岗位的途径。因此，军队审计能力本位制度应当包括审计人员能力评价制度、审计岗位责任制度、审计人员选拔交流制度。

一、构建审计人员能力评价制度

科学、公平、公正地评价审计人员的能力是审计能力本位价值观的前提，审计人员能力评价制度是审计能力本位制度的核心内容。有关军队审计能力评价的原则、标准及方法等内容将在论文第八章进行论述，本章仅对军队审计人员能力评价内容进行阐述，军队审计人员能力评价制度是军队审计能力评价行为的重要保障，是规范军队审计能力评价行为的重要工具。军队审计人员审计能力评价，通常是根据军队审计人员职称评定和考核评比需要实施的，因而审计人员能力评价制度主要包括审计人员职称评定制度和审计人员考评制度。

（一）审计人员职称评定制度

职称资格是任命专业技术职务审计人员能力水平的重要评价因素。军队审计专业技术职务包括审计员、助理审计师、审计师和高级审计师，其中，审计员和助理审计师是军队审计组织中的初级专业技术职称，审计师是中级专业技术职称，高级审计师是高级专业技术职称。每一级别的专业技术职务都具有一定的基本条件和严格的资格评审条件，只有同时具备这两个条件方可获得评审资格。审计人员职称考评制度应当包括对审计专业职务任职资格的申报、审核、考试、评审、任命的具体规定。目前，军队已经出台了审计专业职务任职资格的具体规定，对审计专业技术职务资格的能力素质提出了细致、明确的要求，审计人员职称评定制度在军队审计能力建设制度中已经相对成熟。

（二）审计人员考评制度

审计人员考评是有组织地对军队审计人员的思想、作风、业务能力等进行的检查评价，以制度的形式加以规定，可以增强审计能力考评的规范程度。审计人员考评制度应当包括以下内容：一是要规定考评的内容。包括同审计专业相联系的德、能、勤、绩、体五个方面，对不同类型、不同职级的审计人员在考评内容上要有所区别和侧重；在对同一类型审计人员考评中，考评标准应有层次差别，使考评结果与其地位、职责相称。二是要规定考评方法。可采取定期和经常、定性与定量、考试与考察相结合的考评办法。三是要规定考评结果的使用。可将考评结果作为审计人员岗位安排、任免使用、职务升降、奖励惩罚的重要依据。

二、构建军队审计岗位责任制度

建立健全军队审计岗位责任制度，目的是为了实现军队审计人员能力与岗位的匹配。一方面，审计人员作为个体考虑，要因人定岗、按能配岗，充分发挥审计人员才能，做到人事两宜，要根据岗位对审计人员能力的要求安排相应的人，因岗选人，扬长避短，用人所长。另一方面，审计队伍作为一个整体存在结构性的考虑，只有在能力上进行合理的搭配，把审计人员个体的“一能”组合成整体的“全能”，实现审计能力要素排列组合的优化，才能使审计队伍整体功能强化，整体能级增大。在进行岗位匹配时，要尽量实现最佳的能级结构，对审计人员的配置要着眼于审计队伍的长远建设和发展，注重整体效益，努力实现发挥审计能力的最佳组合。

审计岗位责任制度应当包括审计岗位的设置、主要职责和权限；审计岗位的责任追究等内容。其中，根据各单位级别与所属单位、部门数量的不同以及军队编制体制设置的相关规则，审计岗位设置具有严格的规定，审计部门只有建议权，本文不做详细的探讨。军队审计岗位主要包括审计组长、审计组成员、各级审计部门领导、各专业审计助理员四个重要的岗位，其中审计组长和审计组成员是基于审计事项主体角度的分类；各级审计部门领导和专业审计员是基于行政职务的分类。军队审计主要岗位的职责与权限包括以下内容，见表5－1。

表5－1　审计主要岗位的职责与权限

审计岗位	职责与权限
审计组长	在审计组中承担主要责任，协调全组人员的工作，组织实施审计组承担的审计任务。包括主持审计组会议，起草审计项目计划，承担部分具体审计任务，撰写审计报告，建立审计项目档案，并负责审核本组成员的审计任务完成情况，检查审计工作底稿，代表审计组参加审计项目的相关会议，向负责人汇报审计组工作情况等。注意处理好与审计组成员、审计部门、被审计单位以及其他专业监督的关系。
审计组成员	审计组内协助审计组长完成既定的审计任务，具体负责审计项目中分工承担的审计工作，做好有关的审查凭证、账表，查阅文件、资料，检查现金、实物，观察现场、工艺流程，向有关单位和人员进行调查，取得证明材料等工作。并积极参与审计项目计划的制订和对审计报告的讨论研究，认真履行审计任务分工，整理各种审计工作底稿，积极、准确地提供审计信息，自觉接受审计组长在各方面的监督、检查和指导。要勇于负责，积极、主动处理好同审计组长的关系。
审计部门领导	按照干部任免权限任命的军队审计行政领导职务包括审计长、副审计长；审计局长、副局长；审计处长、副处长；审计办公室主任、副主任；各级审计事务所所长、副所长等。各级审计部门领导主管本单位审计工作或负责组织领导分管范围内的审计工作。各级审计行政职务副职领导，协助正职领导履行好审计职责。
行政职务中的审计员	行政职务中的审计员是指中国人民解放军各级审计机构中编配的专职审计人员，是军队审计工作的具体执行者和基本力量。审计人员按照干部管理权限任命，按编制编配；依法行使审计职权，受法律保护。

审计岗位责任追究制度主要包括两方面的内容：一是要明确审计责任划分。审计部门要结合干部部门对干部管理的相关规定以及纪检部门对干部廉洁从政的相关规定，针对审计岗位的失职表现及责任认定划分违规违纪层次，正确区分领导责任和具体责任、直接责任和间接责任、主要责任和次要责任。二是要明确处理处罚内容。审计部门联合有关部门应当制定处罚实施细则，明确违反审计岗位职责应受到的处理处罚情形及接受处罚的内容，包括应承担的法律责任、政治或纪律处罚、经济处罚等常规处理处罚措施以及免除责任和减免处罚等特殊情况的规定。

三、构建审计人员选拔交流制度

军队审计人员的选拔，要在实现“能者有其岗”的基础上，高度重视审计潜能的开发。不仅要将满足岗位需求、具备审计能力的审计人员安排到合适的审计岗位上，还要继续挖掘审计人员的潜在能力，使其在岗位上显现出来。审计人员选拔交流制度包括审计人员选拔制度、审计岗位交流制度、审计任职公示制度等一系列具体的制度。

（一）审计人员选拔制度

首先，要明确审计人员选拔的流程。包括由审计部门提出申请并提供拟选拔的岗位数量、职称与职务的要求，对拟用人员考核内容与时间的安排，审计部门与干部、纪检部门的沟通协调，考核通过的任用程序及手续办理，审计人员的档案管理等规定。其次，要明确审计人员能力要求。审计人员选拔对象主要包括新任审计人员、专业技术审计人员、拟任领导岗位的审计干部以及临时聘用的审计人员。审计人员选拔制度要依据选拔对象的不同分类，确定审计人员需要具备的能力和素质要求，依此来判断考查对象是否具备满足审计岗位需求的能力。例如，专门从事审计业务的人员需要具备相应的专业知识和业务能力等要求，并获得审计岗位任职资格；担任审计部门负责人，应当具备从事审计或财务工作的经历等。最后，要明确人员选拔的组织方式。包括成立审计人员选拔考查组的具体规定，考查组成员应包含拟任审计岗位的业务领导、行政领导，本单位干部、纪检部门的相关人员以及其他需要进入考查组的人员。对选拔对象分别进行业务考核和干部考核的具体细则，以及对拟用人员名单的报告和审批的组织程序等相关内容。

（二）审计岗位交流制度

军队审计岗位交流是促进审计人员能力提升的重要方式。建立军队审计岗位交流制度，一方面，促进了审计人员的流动，激发了军队审计人员不断提升自身能力素质的动力；另一方面，以制度的形式明确审计岗位交流的程序、交流方式、交流要求，对岗位交流的实施减少了阻力。为使军队审计岗位交流工作常态化，审计岗位交流制度的内容应包括：一是要明确岗位交流的目的、原则等政策性规定，如将岗位交流与职务晋升、职称评定相结合；与评功授奖相结合；与参加学历教育、后续教育相结合等。二是要明确交流岗位的范围、交流的时间和时限、参与岗位交流人员的资格规定与相关要求、交流人员的岗前辅导培训等内容。三是要明确岗位交流的工作交接细则，如交接时机、交接内容、交接手续、交接形式等。四是要明确对工作交流期间审计人员能力及工作情况的评价方式、评价内容以及对交流期间工作成绩的奖励和惩罚措施等具体规定。五是要对交流干部离开和回归原部门前后的职务安排和交流期间的政治、经济待遇进行明确的规定，减免审计交流人员的后顾之忧。

（三）审计任职公示制度

审计干部任职公示是一项阳光透明的审计干部任职政策，通过公开审计干部的任职，既增强了群众监督，又是对审计人员能力的鞭策，同时也是能力本位价值观的体现。军队审计干部任职公示制度的内容包括：一是要明确公示的原则和对象，审计任职公示是一种监督形式，要符合法律政策的规定和要求，也要遵守保密规定，还要注重公示的对象是否属于应当了解干部任免的范围。二是要明确公示的内容，既要对拟用审计人员的个人基本信息进行公示，也要对其任职前的工作经历、取得的成绩、能力水平的证明以及拟任岗位等信息进行公示；既要对任职的计划进行公示，也要对任职结果进行公示；既要公布拟用审计人员的情况，也要公布监督举报的途径。三是要明确公示发布的形式，包括网上公示、布告栏公示、审计部门内部公示、内部简报、征求意见函公式等多种形式，同时要确定哪类级别审计干部需要采取何种方式进行公示，不同级别的审计干部可以选择采取单独公示或集中公示的形式。四是要明确公示发布的时间，针对不同级别审计干部明确其任职公示的发布时间以及时限。

第二节 完善审计科研训练制度

军队审计科研训练是有计划、有针对、有步骤地传授学习审计理论知识、审计业务技能以及相关本领的活动，是提高军队审计人员能力素质的重要手段。建立健全审计科研训练制度，对提高军队审计能力、保证军队审计工作质量，更好地发挥审计监督作用具有重要意义。军队审计科研训练制度主要包括审计科研制度和审计训练制度。

一、完善审计科研制度

建立审计科研制度就是要明确审计科研计划、审计科研方法、审计学术交流等内容。一是要明确审计科研计划的制订原则和具体内容。审计科研计划按照时间长短分为远景规划和年度计划。审计科研计划的制订原则包括贯彻国家和军队的审计法规、政策，紧密结合军队实际；优先考虑军队面临的重大理论和现实问题；依据审计学科的历史、现状和未来的发展趋势进行有系统的开发；注意计划的层次性、整体性和连贯性。审计科研计划的具体内容应当包括一定时期内审计科研工作的政策、原则和成果；围绕审计目标，拟定的具体科研课题；确定课题负责人及其研究人员、完成时间、步骤、课题预算等；拟定组织课题研讨和验收的具体措施。二是要明确审计科研方法，包括课题论证方法、课题分配方法和课题研究方法。课题论证方法包括邀请专家论证、审计实践工作者论证和综合论证等方法，论证可采取共同座谈研讨的形式，也可采取独立论证的形式。课题分配方法主要包括招标分配法和委派分配法，招标分配法是科研机构或组织级领导机关，就各种科研课题提出有关研究标准和条件，公开招标承包课题，从中选择最佳承接人员或课题组；委派分配法包括主动委派和协商委派两种方法。课题研究方法包括实验研究法、分析研究法、综合研究法、比较研究法、分类研究法、类比研究法、归纳研究法、演绎研究法、移植研究法、证伪研究法、系统研究法、控制研究法、观察研究法等。[126]三是要明确审计学术交流的形式。审计学术交流的形式包括学术报告会、专题或综合性的研讨会、审计科研鉴定会等学术交流会；出版军队审计期刊，发表学术研究成果；印发学术审计论文汇编和专辑；利用电视、录像、网络等媒介组织审计交流，传播审计成果等。

二、完善审计训练制度

军队审计训练制度的内容包括：一是要明确审计训练的组织机构及其职责。组织机构包括总部主管部门、院校教育机构和部队训练机构等。其中，总参谋部、总政治部、总后勤部相关部门和解放军审计署是总部负责审计教育培训的主管部门，按照职能分别对审计教育培训进行领导、管理和业务指导。院校是培养军队审计人才的专门教育机构，依据中央军委、总部制定的教育方针、政策、法规，根据批准的教育训练大纲，选编教材，组织施教等。部队各级军训部门和审计部门是部队审计训练和教育机构，主要职责是根据审计人员的现状和工作需要，组织在职审计人员接受继续教育和培训。[127]二是要明确审计训练的内容。审计教育训练的内容包括基础理论知识、军事共同知识、科学文化知识、专业基础知识、业务知识和其他相关知识，军队审计培训内容的专业针对性较强，涉及范围广泛，包括法规培训、专业技能培训等。三是要明确审计训练的方式。审计训练分为审计教育和审计培训两种主要形式。审计教育分为院校学历教育和后续教育，对学制、学员来源等应做出细致的规定。审计培训方式主要包括业务学习和短期轮训，分为适应性培训和达标培训。适应性培训是根据审计事业发展的需要，围绕当前审计中心工作，从不同的审计岗位出发，进行针对不同对象的多内容、多层次、多形式的短期应急培训；达标培训是对在岗人员，按照岗位职务标准规范的要求所进行的培训，使其达到应具备的业务知识和专业能力。

第三节 健全军队廉洁审计制度

审计是一项政策性、专业性、技术性很强的工作，对审计人员在政治素质、业务水平、工作方法、职业道德、工作作风等方面都有很高的要求。在加强审计能力制度建设时，不仅要建立健全提升审计专业技能的相关制度，还应当在审计人员职业道德、工作作风方面加强制度建设，以确保审计能力充分、健康、有效地发挥。建立健全廉洁审计制度，就是要以制度的形式约束和规范军队审计人员的行为，促使其保持应有的职业谨慎，严格遵守职业道德准则，并树立良好的工作作风。2011 年 7 月，总政治部、总后勤部联合颁布了《军队审计人员廉洁从审规定》，明确了军队审计人员廉洁从审的适用范围和基本要求，围绕审计独立性和客观性，对审计人员廉洁从审提出了“十不准”要求。在学习借鉴国家审计有益做法和总结近年来军队各级加强廉洁从审建设经验成果的基础上，还对廉洁从审的领导责任、执行方式、信息反馈、监督检查和奖惩事项等提出了明确的实施要求。落实廉洁从审规定、健全廉洁审计制度还应该建立廉洁从审公开承诺制度、审计人员述职述廉制度和廉洁从审责任制度。

一、健全廉洁从审公开承诺制度

廉洁从审公开承诺制度，就是要求审计主体通过公开的形式，向审计对象、审计主体单位的行政领导、业务部门领导及广大官兵和社会公众做出廉洁工作承诺的制度规定。廉洁从审公开承诺制度包括以下内容：一是要明确承诺主体，依据廉洁从审规定，廉洁从审公开承诺的主体应当包括军队各级审计部门和审计人员，临时成立的审计组、文职审计人员、聘请的专业技术人员以及参与审计的其他相关人员。二是要明确承诺的时限，主要包括对从事审计工作进行长期的承诺以及对参与审计项目期间审计活动和行为进行承诺两种方式。三是要明确承诺的内容，应当与《军队审计人员廉洁从审规定》的“十不准”要求内容相一致，即不接受被审计单位超标准接待，无特殊情况不在地方宾馆食宿；不接受被审计单位和个人赠送的礼品、礼金、商业预付卡和有价证券；不准参加被审计单位和个人出资安排的旅游、娱乐、健身、联欢等活动；不隐瞒或者歪曲审计事实真相，泄露审计秘密；不利用知悉和掌握的被审计单位和个人的有关信息谋取私利；不索取或者以借用名义占用被审计单位和个人的财物；不纵容、默许、授意亲属或其他特定关系人向被审计单位和个人谋取私利；不违反规定干预和插手被审计单位的经济活动以及其他敏感事务；不在被审计单位报销任何费用，或者要求被审计单位支付应当由个人负担的开支；不向被审计单位和个人提出与审计工作无关的要求。[128]

二、健全审计人员述职述廉制度

军队审计人员述职述廉制度，一是明确述职述廉的主体，主要是指军队各级审计部门的审计人员，也包括非现役及文职审计人员。二是要明确述职述廉的内容，包括对本人履行审计职责、落实廉洁从审规定及其他廉洁自律情况进行说明，对贯彻执行党风廉政建设以及落实干部廉洁从政若干规定的情况进行说明，对个人重大情况、家属和身边人员的教育管理情况进行汇报。三是要明确述职述廉的方式，可结合工作总结，采取要求审计人员对一年或半年廉洁从审情况进行述职的方式；也可根据审计人员职务晋升的需要，要求其对自身落实廉洁从审规定的情况述职述廉。四是要明确对述职述廉结果的使用。就是要通过述职述廉，组织对审计人员廉洁从审情况进行民主测评，并将两项结果登记备案，作为干部任免、职务晋升等重要考核指标。

三、健全廉洁从审责任追究制度

建立军队审计人员廉洁从审责任追究制度，就是要按照《中国人民解放军纪律条例》《军队党员干部廉洁从政若干规定》和《军队审计人员廉洁从审规定》等相关规定，明确审计部门和审计人员廉洁从审的相关责任，对很好地履行审计廉洁规定以及违反廉洁规定的行为，制定相应的奖励以及处罚措施，达到惩前毖后的效果，以提升审计部门和审计人员的廉洁审计意识。建立健全廉洁从审责任追究制度，一是要明确责任内容，主要是指《军队审计人员廉洁从审规定》中的“十不准”。二是要明确责任追究制度，就是要通过建立完善举报和回访制度，明确廉洁从审责任追究的具体程序，对涉及审计人员违反廉洁从审规定的行为和线索进行调查核实。三是要落实审计回避制度，明确要求可能影响依法、公正实施审计的人员主动申请回避。四是要明确责任检查监督制度，包括明确监督检查的组织机构、组织形式、实施程序、时间等具体内容，加强经常性的廉洁从审责任检查和监督工作。五是要明确奖惩制度，应当与《军队审计人员廉洁从审规定》的奖励惩罚规定相一致，对违反规定的责任人，要依照有关规定给予批评教育、组织处理或者纪律处分，涉嫌违法犯罪的，依法追究法律责任，并追究审计组长领导责任或审计部门领导。

第六章　不断完善能力建设机制

机制，通常是指某一系统的构成、功能和相互关系，它是连接系统内各个要素和环节的链条。机制的重要性在于，它直接关系到一个系统中的所有资源能不能发挥最佳效能，实现人尽其才、物尽其用。从系统学的观点来看，没有行之有效的机制做保证，再先进的建设方法和建设手段也难以保证审计能力建设的成效，加强军队审计能力建设，应当选择审计能力建设机制为突破口。军队审计能力建设机制包括建设主体、建设对象、建设程序、建设方式方法等要素，其中，能力建设主体、建设对象等要素已在前文进行了阐述，本章按照军队审计能力建设的不同内容，重点论述强化审计行为约束机制和改进审计能力激励机制两方面建设措施。

第一节　强化审计行为约束机制

军队审计能力建设需要通过加强军队审计行为的约束来保证审计能力的有效发挥。军队审计行为约束机制，包括审计主体自律机制和审计行为他律机制两个方面。

一、强化审计主体自律机制

审计主体自律机制包括审计学习机制、执业自觉机制、廉洁从审机制、安全保密机制等内容。一是要建立审计学习机制。军队审计能力生成的主要渠道来自于知识的学习，不仅包括审计基础知识和专业知识，也包括审计相关业务的知识，知识面广泛，知识体系复杂。审计组织要为审计人员提供学习和接受继续教育的机会，提供一定的学习时间，提供参与科研活动的机会。审计人员应当自主安排学习内容，制订学习计划，并积极参与审计部门组织的各种提高审计能力的活动。二是要建立执业自觉机制。军队审计工作既有军队工作的特色，又具有审计职业的特点。审计人员在履行军队审计职责时，应当保持应有的客观独立、合理谨慎，要具备较强的责任感、使命感和事业心。审计部门要建立审计行为回避机制，审计人员办理审计事项，与审计对象或审计事项有利害关系的，应当回避。形成审计工作互检互查机制，审计人员遵纪守法考评机制等自律机制。三是要建立廉洁从审机制。坚持以人为本、教育为先的基本原则，积极推进军队审计部门廉政建设，建清风气正的审计队伍，做忠诚于党的审计人员。各级审计组织要坚持用科学理论武装人、用先进典型引导人、用反面案例警示人、用良好环境吸引人，努力使军队审计人员在思想上筑起拒腐防变的坚强堡垒，正确处理个人利益与集体利益、局部利益与整体利益、当前利益与长远利益的关系，自觉抵制各种腐败现象的侵蚀，最大限度地提高审计人员的自律能力，使之廉洁从审，保证军队审计事业的健康发展。四是要建立安全保密机制。军队审计工作中难免会涉及军事秘密，对审计事项和军事秘密要严格遵守保密规定。建立审前保密承诺机制，审计人员对审计工作保守秘密；建立密级审核准入机制，根据军队密级管理规定，安排符合密级知情权规定级别的审计人员参与涉密审计活动。

二、强化审计行为他律机制

强化审计行为他律机制，就是要监督跟踪审计人员，使其严格规范自身行为，树立尽职尽责的良好形象。建立审计行为他律机制，要在两个方面下功夫，一方面要建立审计权力监督机制，另一方面要创新审计质量控制机制。

要建立审计权力监督机制，加强对审计权力的监督制约。国家宪法、审计法以及解放军审计条例在规定审计职责任务的同时，赋予了审计部门和审计人员知情权、检查权、调查权、查询权、保全证据权、制止权、建议权、通报权、提请协助权、处理处罚权等多项权力。在军事经济改革日渐深入，各项法规制度尚待完善的情况下，这种自主裁量权存在逐渐扩大的趋势，容易滋生腐败，更容易导致非效率的结果。因此，必须强化对审计权力的监督和制约，建立和完善权力约束机制，努力削减审计机关的自主裁量权，增加审计运行和管理的透明度，防止审计人员以权谋私，确保审计权力的正确使用。

要创新审计质量控制机制，进一步确保审计项目质量。积极完善审计质量控制机制，严把审计项目质量关，是确保审计能力正常发挥的重要因素。一是要创新审计分权机制，实行审计管理权能的分离。审计本身作为一种权力，审计权可分为审计计划、审计实施、报告审定和审计回访四项，分别由不同人员独立行使职能，做到审计计划制订与审计实施职能相分离，审计报告撰写和审定职能相分离，审计回访和审计实施职能相分离，加强审计内部的相互牵制，确保审计质量。二是创新审计复核机制，把好审计质量关。审计复核在加强审计内部控制，提高审计质量，防范审计风险方面有着重大的作用。要做好审计复核人员的配备工作，选取审计工作经验丰富、业务素质较高的审计人员从事审计复核工作，为审计复核工作奠定人员基础；要做好建章立制工作，审计组织要制定一套行之有效的复核程序规定，要使审计复核工作按照既定的规则，依法、科学、有序、高效地运行。要做好复核人员岗前培训工作，审计复核工作涉及面广，政策性强，做好这项工作既要有强烈的责任心、使命感，还要正确掌握复核技能，要使审计复核人员快速胜任此项工作，加强教育培训显得非常重要；要做好宣传工作，增强审计人员参与审计复核的意识，营造一种将复核工作贯穿于审计工作全过程的氛围。三是创新审计质量考核机制，实行审计质量检查评估。包括改进审计质量评价标准，重实绩、看实效，突出对审计成果、审计规范化、计算机审计运用的考核；制定完善的审计质量检查评估评分标准，量化考核，突出对审计信息、促进制度完善、审计线索处理等内容的考核；改进审计质量检查评估办法，增强检查评估的时效性。检查评估可分两个阶段完成，在审计项目复核时对审计目标的实现程度、审计管理、审计规范化、审计成效进行评估；在审计决定整改执行完毕或审计回访时，由审计组申请评估，对审计成果运用情况进行评估。四是创新审计项目审理机制，加强审计项目复审。成立审计项目审理委员会，负责审计项目审理；建立审计项目复审制度，在审理会对审计项目进行最终审定时，决定项目是否通过审定。

第二节　改进审计能力激励机制

树立以人为本观念，必须要研究人的需要，进而研究如何通过满足人的物质和精神需要，激发人的动机，引导人的行为，达到优化管理的目标。审计部门应运用各种激励手段，通过满足审计人员的需要来鼓舞士气，调动积极性，来确保创新能力有效发挥。激励机制是保护审计人员工作积极性的长效措施，建立并完善激励机制是军队审计能力建设的重要手段。对工作出色的审计人员和审计部门在精神、经济、职务、待遇、生活等方面给予一定的激励，把审计主体的积极性引导好、保护好、发挥好，不断加强审计队伍建设，提高审计人员的综合素质；对审计部门、审计人员和审计组工作失职的审计行为要严厉追究审计主体的责任，加大对审计舞弊行为的惩治力度，给其他审计部门和人员敲响警钟。要做到尊重人才、尊重知识、尊重劳动、尊重创造，使审计人员的思想和工作体现时代性、把握规律性、富有创造性，努力造就一支政治可靠、业务精通、作风过硬的审计队伍。激励包括正激励和负激励，激励机制包括审计奖励机制和责任追究机制。

一、改进审计奖励机制

恰当的奖励激励会使审计人才产生内在的动力，进而最大限度地激发审计人才的潜能，形成人才使用的持续效益。

一是形成年度优秀审计项目表彰机制，加大审计表彰力度。审计部门应当在每个工作年度结束时，对本部门下属审计部门和审计人员本年度实施的审计项目组织优秀审计项目评比，并予以表彰奖励。对各所属单位本年度审计成果进行统计，审计项目成果包括取得的经济效益金额、查出违纪违规金额、经济责任审计成果和其他成果。年度优秀审计项目表彰制度是对审计主体取得成绩的肯定，对审计主体价值的认可，年度优秀审计项目的考评应当与军队审计质量考评相结合，与审计主体的评功评奖相挂钩。要加大表彰力度、扩大表彰通报范围和影响，要建立公平、公正、公开的年度优秀审计项目表彰机制，鼓励先进、激励后进，促进审计主体积极主动提升审计能力，做好下一年度的审计工作。

二是进一步加强军队审计人员的荣誉激励，激发审计人员使命感、责任感。要坚持经济激励与精神激励相结合，在提高审计人员福利待遇的同时，对审计工作中有突出贡献和成绩的审计人员进行荣誉奖励，对做出突出贡献的军人进行荣誉激励是我军人员激励机制的主要内容，也是我军的优良传统。荣誉激励主要采取通报表彰、立功受奖和提前晋职、晋衔等方式，这些激励方式是对审计人员工作和自我价值的认可，从内心深处激发了军队审计人员的斗志和工作热情，无论是在革命战争年代还是物质经济高度发展的当今社会，都起着不可替代的作用。现阶段完善军队审计人员激励机制必须继承我军的优良传统，将政治教育与审计人员的职业道德教育相结合，加大对军队审计人员的荣誉激励，激发军队审计人员的集体感、荣誉感，培养积极向上、互相竞争的工作氛围。

二、改进责任追究机制

一是建立审计项目质量责任追究机制。按照审计项目分工负责制，将审计项目的主要内容和具体责任落实到审计组长和审计组成员，分工明确，责任到人。把审计组长、审计部门负责人、专职复核员的三级复核管理办法作为严格执法、规范执法的一项基础工作和防堵漏洞的一项重要措施常抓不懈，将审计档案和审计方案作为最基础的复核对象，从审计项目立项、审计方案、审计工作底稿的编制到审计查出问题的定性处理，进行严格审核，落实主审负责制。成立审计项目质量责任追究小组，依据审计执法计分标准，按时间或分项目通报督促，审计项目考评和年终总考评的情况汇总并记入年度岗位目标考核，把奖励与惩罚严格兑现，落实到人，进一步增强审计人员的责任感和质量意识。

二是建立廉政审计责任追究机制。就审计执法而言，审计质量是审计工作的生命线；就队伍建设而言，廉政建设是审计工作的生命线。如何确保廉政建设这颗生命之树常青，永远保持旺盛的生命力，除加强思想政治教育和监督检查外，建立有效的廉政责任追究机制至关重要。建立廉政审计责任追究制度，就是要做到有权必有责，用权受监督，侵权要赔偿，违法受追究。首先，要成立廉政监督小组，对审计组遵守审计纪律和反腐倡廉等情况进行复查和回访，采取走访、调查、召开座谈会、发放征求意见书等形式，广泛听取被审计单位对审计人员工作作风、执行审计纪律以及廉政建设等情况的意见，接受群众监督，对廉政监督检查发现的违纪违规问题或经群众举报查实的问题，决不姑息迁就，要依纪依规严肃处理。复查回访结果存入审计纪律和廉政建设档案，定期通报，并列入年度工作考核，以严明的纪律、完善的制度规范审计人员认真履行好审计监督职能。其次，要建立“一岗双责”责任机制，明确责任，从审计部门领导到审计组长，均承担着本部门、本岗位“一岗双责”的任务，他们既是审计工作的指挥员，又是廉政建设的第一责任人，无论是在审计执法方面还是廉政建设方面出现问题，均要承担相应的责任，并实行“一票否决”。

第七章　有效整合军队审计资源

从经济角度考虑，提升军队审计能力最直接、最迅速的方法就是通过整合现有审计资源，挖掘潜在审计资源、积极开发新资源，使之快速形成审计能力。有效整合审计资源是军队审计能力建设的基本举措。

第一节　审计能力建设与审计资源的需求与供给分析

一、审计能力、审计职责与审计资源

论文第一章定义了军队审计能力的概念，是指军队审计组织和人员履行审计职责，发挥审计作用的能力。这里谈到了审计职责，什么是审计职责？阎金锷教授认为："所谓审计职责，是指国家审计机关、内部审计组织和社会审计组织，根据法律的规定，他们应享有的权利和应承担的义务。[129]"郭振乾认为："审计职责是指法律、行政法规确定的审计机关应当承担的任务。[130]"我认为，审计职责不应包括应享有的权利，这属于职权的范畴，职责应属于职务和责任的范畴；审计职责不应限制在法律的规定下，审计职责并非全部通过法律的方式确立，审计职责的表现形式主要体现为职务范围、事项和要求。本文所讨论军队审计能力涉及的审计职责更是如此，它是在一定时期军队的客观需要，是审计自身发展的需要，正是存在这种"需要"，军队审计能力才要不断地发展提升，以适应审计职责的变化。可以认为审计职责和审计能力存在因果关系，审计职责发展变化是"因"，审计能力建设是"果"。审计职责的履行往往需要大量的人力、物力、财力、技术等资源的投入，审计资源是履行审计职责、发挥审计能力的前

提条件。一方面，如何使用好审计资源本身就是一种审计能力；另一方面，对审计资源进行整合，可以促进和提升审计能力。

二、审计能力建设与审计资源需求供给分析

（一）军队审计职责的拓展引发了审计资源需求的增加

从军队审计职责发展情况来看，它始终都是围绕着党、国家和军队在一定时期的工作重点来确定的。1985 年军队审计恢复初期，围绕治理整顿军事经济秩序工作中存在的问题，军队审计的主要职责就是监督检查军队各项财经法规的执行情况，因此开展了大量财经法纪审计。20 世纪 90 年代，军委、总部审时度势，做出了建立联勤体制、实施后勤社会化、进行预算改革、创新军人保障制度等一系列军事经济改革决策。作为军事经济监督部门，审计部门积极应对，将触角向改革领域延伸，加强了对零基预算、军队采购、军人保险、住房资金和后勤保障社会化等改革项目的审计监督。进入 21 世纪，国家和军队准确分析国际形势，提出了应对多种安全威胁，完成多样化军事任务的要求，军队审计坚持以科学发展观为指导，服从和服务军事斗争准备工作，重点突出战备工程、战备物资储备审计，顺利完成军事斗争准备审计工作。近些年，随着全面建设现代后勤的不断深化，军队审计主动顺应军队建设形势的发展变化，把握审计工作的特点规律，努力实现审计职能的拓展。未来，军队审计职责可能会在以下几个方面有所发展：一是在真实合法审计方面，更加注重审计程序的完善；二是军队审计内容要实现真实合法审计向绩效审计的拓展；三是审计工作要服务军队反腐倡廉，加大对权力的监督和制约；四是审计方式由微观审计向宏观审计拓展，更加注重从深层次上查找问题根源；五是审计活动逐渐由事后审计向全程审计拓展，实现全程同步监督；六是注重军队审计质量的监督检查，促进审计行为的规范。审计职责的变化以及呈现出来的发展趋势，引起了军队审计能力新的发展方向，给军队审计能力建设带来了新动力，必然引起审计资源的投入，审计资源数量及其种类也将随着审计职责的不断拓展而增加。

（二）审计资源供给不足影响了军队审计能力建设

军队审计资源的需求建立在军队对审计能力需求的基础上，而军队审计能力的发展则是以军队所需的审计资源供给为主要来源的。如果审计资源不能有效供

给，审计能力就得不到发展，久而久之就会因无作为而自灭。

1. 审计资源供给总量不足制约了审计能力的发展

目前，军队审计工作中最大的问题就是审计任务繁重与审计人员力量与自身能力不足之间的矛盾。从审计资源的角度理解，审计力量不足体现在审计人员和组织所掌握的审计资源不足，实际上说明了当前困扰军队审计的突出问题是军队需求过大，而供给量不足，突出表现为人力资源、信息资源和技术资源的供给不足。审计人力资源是第一资源，它决定着军队审计事业的未来，审计人力资源不足全面影响审计能力的水平。审计信息资源不足，会影响审计工作效率，直接反映审计工作能力的低水平。审计技术资源不足，审计质量会受到较大影响，审计风险增加，控制风险、提升质量的能力就会减弱。

2. 审计资源供给质量低下制约了审计能力的发挥

审计资源在供给方面存在以下问题：一是重真实合法审计，轻效益审计。审计资源供给一直以真实合法目标为主，随着审计环境的改变，效益审计目标成为当前军队审计环境的新需求，对军队效益审计能力的期望逐渐增大。效益审计目标的调整，既是军队审计环境对审计能力的需求，也是对审计资源流向的目标指引。二是重微观审计，轻宏观审计。注重对具体审计项目的微观审计，轻视对全军某一行业或某个系统的集中专项审计。缺乏从制度机制上查找问题、分析原因、提出高质量意见建议的能力，对审计的系统性、宏观性和建设性能力不足。三是重现有资源的利用，轻审计资源的开发。审计资源的稀缺性以及由此带来的审计风险、审计能力水平不高、审计职责无法有效履行、难以满足公众对审计的需求等不足，虽然引起了各方的关注，但是多停留在对现有审计资源的利用。

3. 审计资源供给结构失衡造成能力期望差距不断增大

审计期望差距是指公众对审计的需求与公众对目前审计执业的认识之间的差距，既包括由于审计能力不足而形成的差距，也包括由于公众的认识错误而形成的差距。[131] 军队审计的期望差距是军队广大官兵和社会公众对军队审计的需求与认识之间的差距，外在表现为审计资源需求与供给的结构失衡。一方面，随着审计宣传力度的增加以及领导干部审计意识的增强，军队审计更加广泛地被外界认识，但受制于国家和军队的客观环境影响，军队审计远没有社会公众期望的那么高。经济发展速度的增快，军队后勤保障方式的改进，促使对军队审计资源的需求越来越大，广大官兵给予审计工作很大的希望，但是我军审计发展的历史告诉我们，军队审计工作任重道远。另一方面，受审计人员能力水平、审计技术、组织结构、审计管理效能和审计环境等诸多因素影响，军队审计能力的发挥还不甚理想，审计的职能作用还未完全体现出来。主要表现在：一是新兴审计业务领域审计人员专业能力水平普遍不高。新兴审计领域对审计人员的知识和专业技能的要求与财务审计相比有较大提升，审计人员的知识结构和工作能力短时间内还存在不小的差距。二是军队审计管理水平相比审计业务能力水平还有差距。审计管理人员在人员管理、计划管理、技术管理、质量控制、后续教育、激励机制等方面存在低水平管理的状况，使得审计资源中最具活力的人力资源难以发挥出应有的能力。三是审计成本、审计时间、审计法规制度、工作条件等环境要素还有待改善。目前，军队上下级审计部门的人、财、物均各自独立，在审计部门内部，专业细化，自成一体，这种局面造成了上下级审计部门之间、审计部门内部专业之间，很难统一调配，形不成合力，这些都在较大程度上制约了审计整体能力的发挥。通过审计资源的开发，可以发现更多潜在的审计资源，缓解审计资源稀缺的供求矛盾，最大限度地利用审计资源，提升军队审计能力水平。这种供需关系的矛盾，表现为广大官兵及社会公众对军队审计工作的更大希望以及对审计能力的迫切要求，其本质是审计资源在投向和投量方面的不合理，需要对审计资源进行整合。

（三）审计资源整合：审计能力建设的必然选择

通过分析军队审计能力建设与审计资源的需求与供给，可以看出对审计资源的需求是军队审计能力建设的内在动力，军队审计能力建设要按照军队对审计资源的需求制定方向；审计资源供给则是审计能力产生和发展的基础条件，同时也决定了军队审计能力建设的方向。审计资源需求与供给的不均衡，影响了军队审计能力需求与供给的不均衡，审计资源整合是缓解这种“不均衡”的必然选择。

第二节 整合审计人力资源

“人力资本理论之父”舒尔茨认为，“经济发展只取决于人的质量，而不是自然资源的丰瘠或资本存量的多寡”[132]，人力资源配置是否得当直接影响审计效能，整合审计资源最重要的是整合人力资源。整合审计人力资源包括严把审计人员入门关口、改进审计人员培训工作、优化审计人员组成方式等内容。

一、严把审计人员入门关

严把审计人员入门关，就是要在源头上确保军队审计人员能力素质。审计条例对军队审计人员专业任职能力方面做出了“审计人员应当具备相应的专业知识和业务能力，并取得岗位任职资格”的基本规定，明确了审计人员的准入条件。军队审计人员来源主要有院校专业培养、军队其他专业人员转入、外部审计力量借用等方式，应根据不同来源严格进行把关。

第一，严把院校专业培养人员的入门关。从院校性质来看，包括地方财经类院校和军队院校培养的审计相关专业学员；从学历层次来看，包括本科学历、硕士研究生学历和博士研究生学历学员。对院校专门培养人员的接收和使用，按照干部管理规定和相关政策，通常由干部部门每年事先征求审计部门意见，经本级党委批准，而后逐级上报至总政干部部，总政干部部按照院校培养计划和各单位需求情况，逐级下拨分配指标。通常要求，进入军队审计系统的人员必须是经过正规院校学习，具有与审计专业相关的本科以上学历。对于刚经历过院校教育，初次进入部队的学员，应当注重其审计专业技能、科研能力和个人品质的考察和培养，不宜直接介入军队审计工作，应当根据其接受教育的程度和实习期间参与军队审计的实际工作情况，确定初次进入军队审计岗位审计人员的专业准入条件(见表7-1)。分配到单位的审计干部并不能保证立即进入审计部门工作，需要对其专业能力进行把关，干部部门和审计部门应当认真研究审计专业毕业学员的培养方式、培养途径，审计部门应当适时组织新任审计干部参加业务培训，根据每名干部的实际情况，安排其参与各类审计项目。干部部门还应实时记录新毕业学员在进入审计部门前的工作经历，审计部门要定期跟踪询问审计专业毕业学员的成长情况；对不符合审计岗位准入条件和离开审计岗位的审计专业毕业学员，也应当追踪记录其工作经历。每年6月和12月，结合半年和年终工作总结，干部部门、审计部门组织对实习期内审计人员进行选拔，特殊情况①，可随时组织考核、选拔及使用。

表7-1　进入军队审计岗位审计人员的专业准入条件

院校性质	学历层次	准入条件
军队院校	本科	取得审计及相关专业本科学位。在师、旅、团级单位财务或其他相关业务部门工作满一年（特别优秀的可酌情缩减时间，但不少于半年），工作期间取得一定的科研成果，了解审计业务和工作流程。参加过新任审计干部培训，并取得从业资格。
	硕士研究生	取得审计及相关专业硕士学位。在师、旅级单位财务或其他相关业务部门工作满半年（特别优秀的可酌情缩减时间，但不少于三个月）。在军、师级单位审计部门实习不少于三个月，参与过具体审计项目。具备主责完成科研课题的能力，熟悉审计业务和工作流程。参加过新任审计干部培训，并取得从业资格。
	博士研究生	取得审计及相关专业博士学位。在师级以上单位财务或其他相关业务部门工作满三个月（特别优秀的可酌情减免时间）。在军区以上级别单位审计部门实习不少于半年，具备承担审计任务的能力。具备独立完成科研课题的能力，精通审计业务和工作流程。
地方院校	本科	取得审计及相关专业本科学位，完成一年军事院校任职教育。在师、旅、团级单位财务或其他相关业务部门工作满一年，工作期间取得一定的科研成果，了解审计业务和工作流程。参加过新任审计干部培训，并取得从业资格。
	硕士研究生	取得审计及相关专业硕士学位，完成半年军事院校任职教育。在师、旅级单位财务或其他相关业务部门工作满半年。在军、师级单位审计部门实习不少于三个月，参与过具体审计项目。具备主责完成科研课题的能力，熟悉审计业务和工作流程。参加过新任审计干部培训，并取得从业资格。
	博士研究生	取得审计及相关专业博士学位。在师级以上单位财务或其他相关业务部门工作满三个月。在军区级单位审计部门实习不少于半年，具备承担审计任务的能力。具备独立完成科研课题的能力，精通审计业务和工作流程。参加过新任审计干部培训，并取得从业资格。

① 特殊情况，包括新任审计人员特别优秀，在校实习期间参与全军审计重大活动并受到表彰奖励；在校期间参与军队和国家审计相关课题及实践活动，取得重大进展，做出突出贡献；在部队实习期间，参加本单位或部门组织的审计活动，取得突出成绩，或代表本单位或部门参加国家和军队审计活动时，取得优异成绩或做出重大贡献等。

第二，严把军队其他专业转入人员的入门关。“革命军人一块砖，哪里需要哪里搬。”军队人员流动是军队发展的正常变化，军队审计系统也是如此。但是，军队审计部门作为一个专业性很强的业务部门，又是军事经济运行的重要监督部门，需要能力素质较强的人员才能共同组成。军队审计人员按照行政职务和技术级别的区别可以笼统地划分为审计部门负责人和审计专业技术人员两类。具有行政职务的审计部门负责人，按照级别高低可划分为审计长、副审计长、审计局长、审计局副局长、审计处长（办公室主任）等领导职务。除了符合军队干部任免条例相关规定外，军队审计条例还明确规定，“担任审计部门负责人，应当具有从事审计或者财务工作经历”。审计是对经济活动的综合性监督，具有较强的专业性、技术性，具备从事审计或者财务工作的经历是胜任审计部门负责人的基本要求，也是加强对审计工作领导的具体体现。专业技术人员进入军队审计部门既要考虑审计部门的需要，又要考虑该人员专业技术能力。一方面，要根据审计部门业务能力建设的需要，明确审计部门所要加强的审计能力范围以及可接收的专业技术级别，根据需求来选择和考查专业技术人员。另一方面，进入军队审计部门的专业技术人员必须具备相应的专业技术任职资格和从事审计工作的能力，需要时可对其进行必要的培训。要对专业技术人员实施专业考查，通过审计实践活动，重点考查专业技术人员参与完成具体审计项目的能力。军队其他专业转入的人员，通常是由审计部门先提出借调需求，征得该人员所在单位或部门的同意后，到审计部门以帮助工作的名义进行考查试用，考查期满符合审计部门要求，审计部门向干部部门提出接收申请，经本单位党委会通过后，干部部门按照干部管理规定办理相关手续。

第三，严把借用外部审计力量入门关。军队审计机构审计力量与所承担任务要求和职责使命的矛盾将会在相当长的一段时间内存在，要解决好这一矛盾，在军队审计领域积极引入社会审计资源是一个有效的途径。军队审计利用社会审计资源主要采取临时聘用专业技术人员和委托地方会计师事务所两种方式，在社会审计资源介入军队审计领域前，军队应当进行严格的资格审查。军队审计机构根据审计项目需要从地方聘用专业技术人员，应当符合下列基本条件：（1）具有与审计事项相适应的专业资格；（2）从事相关专业工作三年以上；（3）具有良好的政治素质和职业道德；（4）身体健康。应当在年初或上年末由审计部门上报政治部门聘用的人员条件、数量和岗位，由政治部门汇总后向军队或社会公布；政治部门在公布时间截止日期后审核验证应聘人员身份证件、学历证书、职业资格、证书奖状等证明材料；根据专业技术人员应当满足的基本条件由审计部门对应聘人员重新进行审查，必要时提请政治机关对应聘人员进行政治审查；审核后将拟聘用人员名单报单位主管审计工作的首长审定，并与审定后的聘用人员签订不超过一年的聘用协议；最后将聘用结果报上级单位审计部门备案。军队单位委托地方会计师事务所参与军队审计工作的方式，解放军审计署联合地方行业协会对全国会计师事务所进行了筛选，并依照以下条件确定了入选信息库的事务所：（1）具有独立的法人资格和承担民事责任的能力；（2）具有良好的信誉，近三年内无不良记录；（3）法律法规规定的其他条件。此外，在社会审计资源进入军队审计领域后，军队单位和审计部门也要通过合同来加强对社会审计资源的管理。

二、改进审计人员培训工作

随着社会的快速发展、知识更新速度的加快以及军队各项改革的深入，军队审计新问题、新情况、新理论层出不穷，军队审计人员面临着巨大的学习压力，急需补充知识以满足不断拓展的职责需要。军队审计人员的培训工作要朝着体系化、规范化、常态化方向努力，不断满足日益增长的培训需求。

（一）培训制度体系化

军队审计培训制度建设应力求体系化，要依托军事院校为基础，建立起稳定的审计人才培训中心，形成分级分类的培训体系。一是要建立法规技能培训体系。近些年，随着军队审计法规制度体系的不断完善，法规的宣传培训工作开展得比较频繁，不仅解放军审计署组织全军宣讲，各大单位还结合自身特点，邀请审计署和解放军审计署、院校及科研单位从事法规制定和研究的专家进行讲解，对全军审计人员正确认识法规规定，提升依法审计能力具有很大帮助。同时，审计法规的宣传，还引起了审计部门所在单位党委首长对审计工作的理解、重视和支持，对被审计单位也起到了很好的教育作用。目前，法规技能培训是军队审计培训工作的主要内容，对短时间内提升某项审计能力具有很大的帮助。审计法规技能培训内容单一，培训时间和培训方式不固定，多是采用短期临时集中培训的方式，通常选择按行政隶属关系或按地理位置分片区组织实施。构建法规技能培训体系，应当根据军队审计法规制度建设计划，结合各单位学习工作时间安排制订培训计划，规定培训时间、内容、组织方式，保持法规学习的连贯性、实用性。二是要建立职务晋升培训体系。审计人员职务晋升也应当经过任职培训，使培训制度覆盖审计干部的整个军队审计生涯。职务晋升培训工作，要紧紧依靠院校教育资源，依据对不同职务、不同级别审计干部的知识结构和能力素质的要求，制定培训大纲，采取统一授课、集中培训、结业考核的方式，将结业考核和职务级别晋升资格挂钩。三是要建立后续教育培训体系。审计后续教育培训是长期性的工作，具有培训对象范围广、培训时间固定化、培训工作常态化等特点，必须制订长远的培训计划，来确保培训工作的连续性、连贯性。借鉴国家审计、社会审计和外国审计的经验做法，突出后续教育在审计能力建设中的作用，有计划地开展后续培训工作。要保证全军审计人员能够实现人均每三年60天时间的后续教育培训目标，围绕培训目标，结合年度审计工作计划分时间、分批次、分内容、分层次地开展审计培训活动。通过建立完善的后续培训体系，审计人员的知识结构不断更新，使审计人力资源获得源源不断的生机和创造力。

（二）培训内容规范化

近些年，全军各级审计部门针对本单位、本系统当前建设的重点方向或审计工作中的薄弱环节而开展的集中培训工作显著增加。有审计技术改革性质的，如在全军审计系统开办的“军审工程”推广应用培训班，某大单位单独组织的直属单位工程审计软件培训班；有审计法规宣传讲解性质的，如《中国人民解放军审计条例》宣讲培训；有针对全军年度专项审计项目审前培训性质的，如审计部门针对专项任务举办的军队医院经费收支和军事训练费审计培训班等；有针对审计人员知识结构和业务能力进行的全面培训，如解放军审计署委托军队院校每年举办的新任审计员培训等。进一步规范审计培训内容，审计培训工作要重点围绕五个方面的内容开展，一是要针对先进审计技术实施培训；二是要针对新颁布的法规制度实施培训；三是针对新兴审计业务的内容及要求实施培训；四是要针对全军统审项目的统一要求实施培训；五是要针对不同层次和类别的审计对象①实施培训。

（三）培训工作常态化

无计划、短期的培训行为使得审计培训工作缺乏连贯性和科学性，容易形成

---

① 主要包括新任审计干部、审计处长、审计局长、拟晋升中高级职称的审计专业技术人员等。

重复建设，造成审计资源的浪费，培训工作需要从周密的计划做起，继而形成长期的习惯性行为。解放军审计署计划在“十二五”期间，委托军队院校每年举办审计处长培训班、审计骨干培训班、上岗前培训班、拟晋升高级技术职务审计人员培训班，并协调参加审计署组织的有关业务培训和出国培训，委托地方有关院校举办2至3期培训班，解放军审计署各局、所和各大单位审计局每年举办一期审计业务培训班，计划到2015年全军审计人员硕士以上学位达到20%。解放军审计署这种科学合理的规划，便于各级审计部门合理选择培训对象、科学设计培训内容、统筹安排培训流程，新任审计干部、审计处长、审计骨干、审计专业职称晋升培训工作，可结合干部任免及职称考评时间，使培训时间和培训规模固定下来形成常态化。

三、优化审计人员组成方式

无论是审计部门的组建，还是一个审计组的组成，都应当按照“任人唯贤、因事择人、因材而用、用人所长”的原则配置和使用审计人员。任人唯贤，就是在使用审计人员时不计出处，不唯亲、不避亲、不念恶、不避仇，要以德才兼备为目标，但是不唯德是举。因事择人，就是要选择具备与所办事情能力相符的审计人员。因材而用，就是要根据人才的能力大小和不同特点选用审计人员，大材可小用、小材不可大用、偏才只能专用。用人所长，就是要了解人的长处，任用人的长处，避开其短处。

优化军队审计人员组成，要做好两项工作。一是要科学统筹认真规划，合理配置现有军队审计人力资源。一方面，要确保审计机关人员构成的科学合理性。审计机关在选拔、任用审计人员时，要做好通盘考虑，既要考虑业务能力、组织协调能力以及科研能力的综合能力，也要兼顾各项专业审计能力的均衡建设，要充分利用审计人员的能力优势，做到“人尽其才”。另一方面，要优化具体审计项目的审计组人员组成。在制订审计项目计划时，必须充分考虑单位党委和首长意图、军队建设急需、广大官兵关心的审计项目，要把握大局，找准重点，通过加强对现有审计资源的整合、配置和使用，科学分配、调剂和运用审计力量，使有限的审计资源用在“刀刃”上。在确定审计组人选时，要选拔具有较强领导和管理能力的审计人员进入审计组，发挥其高水平的组织协调能力。根据审计对象及审计事项的要求，选调好审计人员，从管理和组织构架的角度，实现审计人力资源与审计对象的最佳配置，进一步提升审计效能。二是要充分协调和利用好各方审计力量，弥补军队审计资源的短缺。对一些专业性较强、综合程度较高的审计项目，要敢于打破审计部门界限，抽调相关业务部门专业技术人员和审计人员共同组成审计组，做到分工协作、优势互补，以提高审计组的组织层次和整体能力水平。要合理引进社会审计资源，委托地方会计师事务所或聘请外部审计人员参与军队审计工作，选择聘用如工程、装备、法律、经济等专业方向的军地专家，增强审计力量。要根据军队审计事务所新的体制编制，利用审计事务所纳编后具有的军队审计执法和社会中介服务双重职能要求，将军队审计事务所建成军队审计内部的重要力量。

第三节　整合审计信息资源

“所谓有效的生产，就是拥有足够的信息。”[133]信息作为一种资源，存在着隐性价值，正是这一其他资源无法替代的特点，使得信息资源富有开发价值。随着军队信息化程度的不断提升，信息资源在军队各领域均发挥着重要的作用，信息资源的开发与利用已成为军队信息化建设的重要内容，其目的是使“信息力”成为军队战斗力的主导性要素。军队审计作为军事经济监督的重要领域，信息资源开发使用能力显得十分重要，整合军队审计信息资源，是提升军队审计信息能力的重要举措。

军队审计信息资源，是指与军队审计监督活动有关的、反映军队审计工作特征及其运动状态属性的各种数据资料的集合。[134]军队审计信息资源是由军队各级审计部门或者为审计部门采集、加工、使用处理的信息资源，主要包括各级审计部门在履行职能过程中产生和生成的信息资源（如在审计工作过程中形成的各种工作记录及相关档案资料等）、由审计部门建设或授权建设和管理的信息资源（如有关审计法规、审计软件、数据库等）等。军队审计信息资源按内容可分为基础类信息资源和业务类信息资源，基础类信息资源包括审计部门及其人力资源、被审计单位情况、审计法律法规、审计准则、专业审计操作指南、审计资料图书馆、审计培训教材等；业务类信息资源包括审计计划、历年审计项目及实际情况、全军审计部门历年审计统计信息、审计项目档案信息、审计专家经验集、审计业务决策信息、专题报告等。按其公开程度可分为内部信息资源和共享信息资源，内部信息资源是储存在审计部门内部，供内部人员查阅的信息资源；共享信息资源包括通过审计部门门户网站向军内单位和部门、被审计单位和社会公众发布的信息资源。[135]军队审计信息资源整合，要做好以下工作：一是建立审计信息资源库，注重信息资源的收集储存；二是树立审计信息资源意识，做好审计信息的开发利用；三是拓展审计信息资源的流通渠道，实现审计信息资源共享工作。

一、建立信息资源数据库，注重审计信息收集储存

审计信息资源收集储存能力属于军队审计部门审计管理能力范畴，军队审计信息资源的收集与储存主要依靠审计信息资源库的信息储存功能。审计信息资源数据库的建立，对还原审计活动的历史起到了重要的作用，为本级审计部门信息资源的收集提供了帮助，既方便了审计人员和审计组织随时查阅所需的审计信息，也方便了上级审计部门检查审计工作记录。

建立军队审计信息资源库，主要应建好“四个库”：一是要建好审计人力资源数据库，为优化配置审计人力资源提供准确信息。审计人力资源数据库是本单位及其审计部门的基础数据库，对具有审计专业教育经历的人员以及审计部门现有人员数量、年龄结构、知识结构、专业结构和科研教育经历等情况进行了详细的记录，能够随时对审计信息资源进行更新和提取。二是要建立被审计单位资源数据库，为统筹安排审计项目提供准确信息。被审计单位资源数据库要记录本单位审计部门管辖范围内被审计单位的数量、主要领导和关键人员信息、单位建设重点方向、历年财务收支、违反财经纪律的情况、历次接受审计的情况等信息。三是要建立审计部门信息资料数据库，为实现资源共享提供准确信息。包括收集与审计工作有关的各类文件、会议材料、审计通知书、审计报告、审计意见、审计决定、审计简报等审计信息材料，还包括审计科研训练活动的影像资料、审计科研成果资料、各类审计培训教材汇编等记录审计部门科研训练活动的信息。四是要建立审计法规数据库，为科学施审提供准确依据。解放军审计署在法规库建设上，要汇集全军的财经审计法规，形成资源共享的全军审计法规库体系；其他各级审计部门还要建立包括本级审计法规、审计准则、审计专业操作指南等本单

位审计法规信息资料库。

二、树立信息资源意识，做好审计信息开发利用

信息资源功能的发挥需要经过转化才能实现。审计信息往往以通报、通讯、呈批件、简报、报告、审计公告等形式出现，经过精心提炼后，其针对性、代表性、涵盖性较高，能够使党委首长在较短时间内了解审计部门的工作，及时掌握本单位建设出现的新情况、新动态、新问题，容易引起相关领导和部门的重视。审计信息资源的开发利用，就是要做好以下工作。

首先，要树立审计信息资源意识。一方面，审计信息资源广泛存在于审计信息中，但其本身具有稀缺性。这是因为当今信息膨胀的时代，信息无处不在，信息资源的增长趋势远远大于其他资源，因而信息资源广泛存在。但是信息资源的占有量是有限的，受制于人类满足需求手段的有限以及虚假冗余信息的存在，真正有用的审计信息资源又显得相对不足。任何资源都有一个固定不变的总效用，随着使用次数的增多，总效用将逐渐减少，[136]所以说，审计信息资源又具有稀缺性。另一方面，审计信息资源隐藏在以各种形式体现出来的审计信息之中，为实现对审计信息资源有效的开发和利用，必须首先识别信息、筛选信息、交合信息、归纳信息，将信息之间的需求紧密联系起来，与审计组织建设发展的目标结合起来，才能发挥出审计信息资源的功能。

其次，要注重审计信息资源的综合开发。审计信息唯有经过开发和加工，才能成为信息资源。要善于把历史的、局部的、零散的审计资料按照一定的目标和规律整合起来，通过去粗取精、归纳分析、加工提炼等多种途径和形式让大多数审计人员能够学习和借鉴。审计档案是审计监督活动的历史记录，是最重要的审计信息，审计档案存在的必要性在于档案使用者对它的需要，建立审计档案的目的就是为了利用，使审计档案资源发挥其信息资源的价值，为审计工作服务。审计活动的全过程，从制订审计计划、开展审前调查、拟订审计实施方案到审计实施过程对事实的认定、审计结束阶段与被审计单位交换意见、撰写提交审计报告、审计回访甚至复审都需要充分利用审计档案信息资源。开发审计档案中的信息资源，需要加强审计档案基础设施建设，转变传统的审计档案管理模式，包括改变审计档案信息的传递方式、保存方式，加强电子档案管理制度建设，转变审计部门档案室综合功能等举措。

最后，要加强审计信息资源的综合利用。一是通过提高审计结果的利用率，来提升审计的宏观决策服务能力。充分利用审计过程中获取的各种信息，加强对审计信息资源的挖掘，向本级党委和上级审计部门输送更多的、有价值的信息，为党委首长科学决策服务。加大审计信息在目标责任制考核评价中的比重，提高广大审计人员挖掘和反映宏观信息的积极性。二是对现有审计成果进行整理，提高审计队伍的整体工作能力。要充分挖掘审计信息资源，应做到“一审多果”和“一果多用”，如在日常审计中可以将本级预算执行审计与专项审计和经济责任审计有机结合起来，做到审计信息的充分利用。三是在各级审计机关开展课题调研，注重审计成果的理论化研究。审计人员运用一定的理论工具对已经取得的审计成果，从更高的角度、更宽的视野，进行再解剖、再分析，使审计成果有质的提升。将审计工作中对个别问题的认识，进行归纳、提炼，总结出对整体和全局工作有指导性、借鉴性、促进性意义的信息、报告，并及时进行反馈，较好地实现审计成果的合理运用。

三、拓展信息流通渠道，实现审计信息资源共享

整合军队审计信息资源，要紧紧依托军事综合信息网，加快“军审工程”建设，拓展信息流通渠道，实现审计信息资源的充分交流与共享。

第一，要加快审计信息资源建设，深入挖掘审计信息资源潜力，实现信息资源共享。整合军队审计信息资源，要着力抓好三项基础建设：一是建立军队审计系统局域网。依托全军310网络建立审计系统局域网，实现各级部队审计部门之间的横向、纵向联网，建立起一个内外交流、上下沟通的信息交流渠道，打破各审计部门之间对信息资源的封闭和垄断，全面实现审计信息资源的无障碍传输和有效共享。二是建立审计部门与被审计单位之间的区域网。积极推进审计部门与被审计单位之间、与审计现场之间的广域连接试点，促进审计信息资源的全方位整合与充分利用。通过局域网逐步扩大与被审计单位的联网范围，为实现对军事经济活动进行实时化、远程化审计提供物质基础，既可以节省审计资源，也可以提高审计工作效率。三是搭建审计信息交流平台。以网络为基础，在全军审计系统搭建信息交流平台，用于各级审计部门及时发布和接收各类审计信息，为审计人员经常性地交流审计信息提供场所，促进审计人员合作交流与资源共享。[137]

第二，要建立审计信息结果公告制度，推进审计信息的公开化、透明化。军

队审计独立性较弱，审计结果受保密制度的限制，造成审计结果公开执行落实不到位，审计部门需要正确处理审计监督保密性和审计结果公开的关系，利用本单位、本系统的网络、报刊等媒介，拓宽审计信息空间，逐步扩大审计结果公开的范围，真正实现群众监督、舆论监督。

第三，要积极探索开发利用军队其他相关专业信息资源、外部审计信息资源，将其转化为军队审计信息资源，同时避免审计信息的重复产生。利用经核实确认的外部审计信息资源，有针对性地开展审计工作，能够有效节约军队审计资源。

第四节 整合审计技术资源

审计技术资源是影响审计能力的重要因素，采取不同审计技术方法、使用不同的审计技术手段去完成同一项审计项目，所耗费的审计资源不同，体现出的审计能力就会有所差别，所取得的审计成果也不一样。通常所说的审计技术，是指为取得审计证据而采取的各种工作技巧，可分为常规审计技术、非常规审计技术、抽样审计技术、管理审计技术、经济责任审计技术等，这是狭义的审计技术概念，特指审计取证技术。由此衍生的审计技术资源，是指审计人员在现实审计活动中已经广为应用的审计技术，如传统的账项基础审计技术、制度基础审计技术、风险基础审计技术，以及现代的计算机辅助审计技术等。而本文所研究的审计技术，是广义的审计技术，不仅包括审计取证技术，还应当包括组织审计活动的技术方法、审计活动管理技术、信息化技术手段在审计部门的应用等内容，相应的审计技术资源应当包括审计组织方式、审计项目管理技术以及审计取证模式与技术等内容。

一、综合运用多种审计组织方式

面对军队审计环境和军队审计对象发生的新变化，需要引进和创新军队审计的组织方式以满足审计工作的需要。不同的审计项目可以选择不同的审计方式，对于同一个审计项目也可以综合运用多种审计方式。根据审计项目特点，因地制宜地选择审计方式，是审计部门有效利用审计资源、发挥审计能力水平的重要途径。事实证明，实施审计项目的组织方式越合理、越科学，得到的审计效果就越好。因此，要努力做到全面审计与重点审计并举，报送审计和就地审计并用，事前、事中、事后审计并行，垂直审计与交叉审计并重，网络审计与派驻审计并进。[138]一是加大综合审计力度。要做到不重审、不漏审，在内容上由单一性专业审计向综合性集中审计转变，确保审计范围全面覆盖。要坚持综合型审计的路子，整合审计人员、审计资源和审计项目，采取一个项目多个内容的方式，把财务收支审计、预算审计、装备审计与内部控制测评、经济责任审计、绩效审计等多项任务捆绑结合，按建制单位派出审计组实施审计。二是加大专项审计力度。对招待接待机构、房地产管理部门、对外有偿服务单位等重点领域和重点行业，从源头到末端，实施全系统审计的工作方式，注重发现行业中制度机制深层次和倾向性问题。针对每个类型的审计项目，不仅要揭示问题，还要分析存在问题的原因，提出解决问题的建议，发挥审计“审、帮、促”的作用。三是加大交叉垂直审计力度。交叉审计方式是在上级审计部门的协调安排下，不同的下级审计部门负责非己方管辖范围内的审计事项，交叉审计可以提高审计的独立性，促进审计部门之间的竞争，加强审计部门之间审计方法与经验的交流；加大垂直审计力度，就是要增加上级审计下级的频率，尽量减少行政干预，以增强审计力度。四是创新远程网络审计方式。远程网络审计是未来审计方式发展的方向，它可以对被审计单位的经济活动实施实时监控，极大地降低审计成本、提高审计效率。目前，军队审计信息化建设正在高速发展，无论是网络系统还是软件建设都已初见成效，特别是“军审工程”的推广与运用，标志着军队审计信息化建设已迈上一个新的台阶，这为将来开展网络远程审计奠定了良好的基础。

二、不断提升审计项目管理技术

一方面，要提高审计项目计划管理水平。军队各级审计部门主要工作内容都是审计项目的形式，审计资源配置应打破以往以审计部门为单位的思路，按照以审计项目为单位进行资源整合，要加强审计计划管理，科学合理地编制项目计划，做到明确审计目标、围绕中心、突出重点；要敢于打破审计专业分工的限制，统一协调配合，审深审透，充分发挥审计组织的整体优势。审计组织不仅要具备合理安排年度审计项目，科学制订年度审计计划的能力，还要具备一定的战略思维和眼光，要了解军队发展的规律和趋势，熟悉本单位建设方向和重点，掌握本单位审计工作的发展动态，以此制订长远计划，指导审计部门的建设发展。对年度审计项目应实行动态管理，构建审计项目计划管理框架，包括设立项目名称、审计目标、审计时间、负责部门或人员等具体指标内容。要合理安排不同审计项目的起止时间、彼此间的时间间隔与顺序衔接、审计事项的任务目标、审计质量要求、审计人员的搭配等内容。

另一方面，要提高审计实施方案质量水平。针对当前审计方案普遍存在的分工不细致、内容不具体、重点不突出、操作性不强等问题，审计方案制订过程一定要讲求科学化、合理化、精细化，要在审前调查的基础上，进一步明确审计项目的审计目标、内容与重点，综合考虑审计资源的充分有效利用。首先，要建立审计方案审核检查制度，把审计方案作为审计质量检查的重要内容，充分考虑审计成本和客观环境的影响，对审计的效率做出综合评价。其次，认真实施审前调查。审前调查是开展审计的前提和基础，审前调查不充分、不细致，就无法编制出科学合理的审计方案。调查前通过提纲形式来确定调查范围和事项，调查过程中可以采用询问、观察、座谈、问卷、检查和查阅档案等多种方式，调查结束后应当以总结、报告、备忘等形式反映调查结果。最后，在审前调查的基础上，审计组长应当编制出内容翔实、针对性强的审计实施方案。审计实施方案对审计项目的重要程度如同审计计划对审计部门的重要性，二者均起到了指导全局的作用。审计实施方案是审计人员进行具体审计工作的操作指南，因此，审计实施方案应尽可能细化程序，并能突出重点和难点。审计实施方案是整个审计项目质量控制体系的灵魂，是完成审计项目、实现审计目标的关键，审计实施方案是在审前调查的基础上，形成的综合性文档，通过统筹计划与安排，明确具体审计目标、细化审计内容，从根本上规定了审计项目的发展方向。同时，审计工作人员按照审计实施方案，通过检查审计工作底稿，判断审计内容、审计方式、审计结果，能够最大限度地降低审计随意性。[139]

三、灵活选择审计取证模式方法

从账项基础审计、制度基础审计到风险导向审计，是审计目标的变迁与审计资源的约束不断催生出的审计取证模式。选择什么样的审计取证模式，如何选择审计工作的最佳切入点，要根据审计目标所关注的领域和审计资源需求状况灵活把握。随着审计目标的不断演变和审计资源需求的不断扩张，要求审计人员不断开发潜在的、崭新的审计取证模式，以降低审计风险，提高审计效率。当前急需改进制度基础审计方式，制度基础审计是以内部控制制度的测试结果为基础，来确定实质性测试的性质、时间和范围。在制度基础审计方式中，对内部控制的测评是一种工具，它可以帮助审计人员确定审计重点，提高审计效率，保证审计质量。改进制度基础审计方式，一方面要严格按照制度基础审计步骤执行审计程序；另一方面要掌握内部控制测评的方法，运用好内部控制这个“工具”，取得满意的审计成效。

要不断创新并灵活选取审计取证方法。一是广泛引进先进审计技术方法。审计技术的创新，一方面要注重借鉴和吸收国内外的先进审计技术，分析和总结以往的经验和成功做法，逐步加以推广应用；另一方面要将现代高新技术、数学方法移植到审计领域，这是避免审计技术的重复性开发、节约审计成本的有效途径。二是积极创新审计技术手段。计算机审计代表着审计手段的发展方向，要将传统审计手段与计算机审计相结合。但是，就我军审计部门建设现状来看，大规模地实施计算机审计还有很长的路要走。这就要求我们在不放弃传统审计手段的同时，积极探索信息化条件下新的审计方式方法，在手工审计和计算机审计两种手段的整合中求效率。三是改进抽样审计方法。抽样审计方法在审计实践中被广泛运用，但任意抽样、判断抽样等非统计抽样方法用得多，统计抽样方法用得少。改进抽样审计方法，首先要对审计人员进行专业知识的培训，为采用抽样审计方法打下坚实的理论基础；其次要加强业务交流，不断累积专业经验，提高审计专业判断能力；最后要建立系统的抽样审计工作规范，做到有章可循。

第八章　科学实施审计能力评价

军队审计能力评价，是军队审计能力建设的重要环节，也是军队审计能力建设基本方法的进一步深化，更是为军队审计能力建设提供不竭动力。建立军队审计能力评价的一整套原则、标准和具体方法，形成军队审计能力建设的评价体系，对军队审计能力建设将起到积极的作用。

第一节　军队审计能力评价的原则与作用

军队审计能力评价，就是依据我军各级审计组织以及审计人员能力要素构成及标准，通过一系列科学手段和方法对审计能力的水平、结构和潜力等方面进行考察了解，做出客观公正评价的活动。

一、军队审计能力评价的原则

原则，是客观规律在人们头脑中的反映，它是指导人们行动的准则。军队审计能力评价的原则就是人们对军队审计能力评价规律的认识。确立军队审计能力评价的原则，目的在于要统一评价工作的思想和行动。只了解军队审计能力评价的内涵还不能很好地掌握能力评价工作，为了使评价工作正常、有序，必须制定军队审计能力评价基本原则。

（一）定性评价与定量评价相结合

军队审计能力构成要素内容全面、细致，涉及军队审计活动的方方面面。在审计能力构成因素中，有些是可以用数值或分数作为标度的评价标准，有些则只能以评语或字符为标准，并以此来表示评价结果。定性评价所注重的通常是“质”的方面，定量评价注重“量”的方面，量的标准是能力评价中的基本标准。定量评价虽然在某种程度上可以克服以往评价中的主观随意性，但随意使用也容易造成片面性和形式主义，因此，在军队审计能力评价中要遵循定性评价与定量评价相结合的原则。

（二）结果评价和过程评价相结合

军队审计能力评价按照评价对象效能产生的环节可分为结果评价和过程评价。结果评价，是通过对军队审计能力在审计实践中产生和发挥出的效果来评判审计能力水平，不考虑能力形成过程中人力、财力、物力的投入。过程评价，是将审计能力建设的各种投入和建设结果联系在一起进行考查评价，强调在军队审计能力评价过程中要体现效率的观念。因此，审计能力评价要将结果评价和过程评价相结合，要注重效果评价和效率评价相结合。

（三）单项评价与综合评价相结合

军队审计能力是由多种能力联结融合的能力系统，各种能力之间又相对独立，各自具有特殊的内容、地位和作用，只有承认和把握各种能力的特殊性，通过对各项能力的单项评价，才能做到具体问题具体分析、具体对待，按照各种能力自身的特点要求，有的放矢地提高和运用。单项评价是对军队审计能力中某一项具体能力进行的评价，综合评价是对军队审计能力进行完整系统的评价，单项评价是综合评价的基础或手段，综合评价是单项评价的发展，只有通过综合评价才能判断今后一个时期评价对象的发展趋势。只有坚持单项评价与综合评价相结合，军队审计能力评价才能取得实效。

（四）自我评价与外部评价相结合

军队审计能力的评价，既要考虑到能力主体自身对能力水平的评价，也要兼顾相关部门和人员对审计能力的认可程度。在对审计部门审计能力评价时，要考虑被审计单位、部门所在单位行政领导等相关部门和人员的评价结果；对审计人员审计能力评价时，既要考虑审计人员自身的评价结果，也要兼顾审计部门同事、所在部门领导的评价结果。坚持自我评价与外部评价相结合的原则，才能保证评价结果客观公正。

二、军队审计能力评价的作用

军队审计能力评价作为军队审计能力建设的有机组成部分，因其特有的内涵和特点，对军队审计能力建设发挥着重要的作用。

（一）评估军队审计能力建设成效

军队审计能力评价能够评估军队审计能力建设成效，指引军队审计能力建设方向。军队审计能力建设是一个“评价——建设——评价——再建设”，不断循环往复的动态过程，军队审计能力建设评价既是能力建设的起点，也是能力建设循环中的一个节点，对审计能力上一个建设环节的情况进行评估和考查，为下一个建设环节提出思路和目标。认真研究审计能力评价结果，对评价对象能力建设的成效进行评定，特别是针对出现的问题分析原因，有针对性地提出帮助措施，对军队审计能力建设起到帮助作用。

（二）促进军队审计能力有效发挥

经常或定期对审计能力进行全面评价，并依据评价结果建立适合军队审计能力特点的先进、科学、合理的能力评价机制，有助于全面反应和衡量军队审计能力，从而使审计人才各尽所能，促进军队审计能力发挥。要真实记录能力评价过程评价对象各方面的表现，建立规范合理的评价程序和步骤，科学设计评价方法，使之能够体现和反映军队审计能力的真实水平和潜在能力，使评价对象了解自身的长处和不足。评价的过程不仅是考查军队审计能力的过程，更是激励评价对象进一步发掘自身潜能，提升自身能力的过程。评价过程中不仅要明确指出评价对象的不足之处，而且要通过咨询、指导、鼓励、启发等活动进一步提出改进的方法和努力的方向，鼓励其发扬长处，以便下一步改进和提高自身能力。

第二节　评价指标体系的构建及指标权重的确定

一、军队审计能力评价指标体系递阶层次结构模型的建立

在明确军队审计能力评价指标体系中各指标之间的相互依存及影响的基础上，按照军队审计能力构成的两级对象分别建立由目标层（军队审计人员能力、军队审计组织能力）、准则层（能力评价一级指标）、指标层（能力评价二级指标）组成的递阶层次模型（表8－1、表8－2）。

表8－1　军队审计人员能力评价指标体系递阶层次模型

目标层	准则层	指标层
军队审计人员审计能力 A	基础能力 B_1	知识 C_{11}
		科研能力 C_{12}
		经验 C_{13}
	专业技能 B_2	逻辑思维能力 C_{21}
		组织协调能力 C_{22}
		技术运用能力 C_{23}
		鉴别分析能力 C_{24}
		调查研究能力 C_{25}
		情况处置能力 C_{26}
		总结归纳能力 C_{27}
		专业文书能力 C_{28}
	交际能力 B_3	表达沟通能力 C_{31}
		团队合作能力 C_{32}
		领导艺术 C_{33}
		激励本领 C_{34}

表 8-2 军队审计组织审计能力评价指标体系递阶层次模型

目标层	准则层	指标层
军队审计组织审计能力 A	审计实施能力 B_1	审计质量控制能力 C_{11}
		审计程序履行能力 C_{12}
		审计业务拓展能力 C_{13}
		审计决策建议能力 C_{14}
	审计管理能力 B_2	组织管理能力 C_{21}
		制度管理能力 C_{22}
		人员管理能力 C_{23}
		环境管理能力 C_{24}
	审计创新能力 B_3	审计技术方法改进能力 C_{31}
		审计科研训练创新能力 C_{32}

二、军队审计能力评价指标权重确定的步骤

军队审计能力构成要素是一个多层次的指标体系，评价时需要确定各个指标的重要程度，即每个指标在指标体系中所占的权重，指标权重的大小与该指标的重要程度成正比。根据能力构成要素的权重实施军队审计能力建设，才能找准建设方向和重点，科学统筹分配建设资源。军队审计能力审计评价指标之间的递阶层次模型结构随着指标体系的建立而建立，但是各指标的权重需要根据具体的评价要素进行计算。以审计人员审计能力评价为例，审计组织内有的岗位对审计人员专业技能要求较高，其专业技能指标相对于其他指标更重要，专业技能指标的权重相对于其他指标的权重就较大；有的岗位比较看重审计人员的知识和科研等基础能力，其专业技能指标的权重就相对较小。所以军队审计能力评价指标的权重应在对具体评价项目进行能力评价时根据审计项目的特点和要求确定。[140] 利用层次分析法确定指标之间的权重，有利于综合评价军队审计能力，方便在不同能力要素之间横向对比分析，更加全面、合理地评价军队审计能力水平。本文采用层次分析法，通过对所建立的指标体系中各指标的

相对重要性进行分析计算，从而确定更科学、更合理的指标权重。实例部分，评价主体将指标的实际情况与审计标准两者进行对比，根据审计人员的职业判断进行评分，再将各指标的分数与其权重相乘，可以得到该评价对象审计能力评价的结果。

运用层次分析法分析问题时，具体可分为四个步骤：首先要理顺系统中各要素之间的关系，建立系统的递阶层次结构；然后对同一层次的各要素对于上一层次的同一要素的重要性进行比较，构造两两判断矩阵；再次由判断矩阵计算出被比较要素对于该准则的相对权重；最终计算得到各层次要素对总目标的合成权重并进行一致性检验。[141]

1. 建立递阶层次结构的模型

应用层次分析法分析问题时，首先要把问题条理化、层次化，构造出一个层次分析的结构模型。这个结构包括很多要素，这些要素又按其属性分为若干组，形成不同的层次。同一层次的要素对下一层次的要素起支配作用，同时又受上一层次要素的支配。这些层次可分为三类：目标层、准则层、指标层。需要注意的是，层次结构必须建立在决策者对所要解决问题进行了深入了解的基础上，因为只有弄清楚各要素之间的相互关系，才能建立一个合理的层次结构，这对于解决问题十分重要。[142]

2. 通过专家学者问卷调查，构建判断矩阵

通过构建递阶层次结构，可以明确各要素间的隶属关系。假定以上一层要素B为准则，所包含的下一层次的要素为 C_1，C_2，C_3，…，C_n，层次分析法的目的就是根据 C_i 对于B的相对重要性赋予各要素相应的权重。军队审计能力构成要素的权重并不容易通过定量直接获得，这就需要采用层次分析法，通过两两比较，构造判断矩阵来计算各要素之间的权重。根据军队审计专家学者将这些要素重要程度的评分结果，将这些要素进行两两比较，反复评价针对准则B，两个要素 C_i 和 C_j 哪一个更重要，重要程度是多少，根据不同重要性，按照表8－3中所描述的Satty比较标度为标准，将表示 C_i 和 C_j 对准则B的影响大小的 a_{ij} 进行赋值量化。对于要素B，n个被比较要素完成所有两两比较后，全部比较结果用矩阵 $A=(a_{ij})_{n\times n}$ 表示，称A为比较判断矩阵（简称判断矩阵）。

表 8-3 Satty 比较标度及其含义[143]

标度值	含义
1	重要程度同等
3	一个指标比另一个稍微重要
5	一个指标比另一个明显重要
7	一个指标比另一个非常重要
9	一个指标比另一个极端重要
2，4，6，8	取上述两相邻判断的中值
相应上述值的倒数	一个指标比另一个不重要的描述 要素 i 与 j 比较得判断 b_{ij}，则要素 j 与 i 比较得判断 b_{ji}

3. 层次单排序和一致性验证

层次单排序实际上可以归结为计算判断矩阵的特征和特征向量问题，就是求判断矩阵 A 的最大特征值，然后利用 $AW=\lambda_{max}W$，解出 λ_{max} 所对应的特征向量 W，将 W 标准化的结果 W_i 即相应要素单排序的权值。实际应用过程中，一般利用随机一致性比率 CR 作为判断矩阵是否具有满意的一致性的检验标准。其中 $CR=CI/RI$，$CI=(\lambda_{max}-n)/(n-1)$，其中 n 为判断矩阵的阶数，$\lambda_{max}$ 为判断矩阵的最大特征值。[144] 平均随机一致性指标 RI 的值见表 8-4。

表 8-4 平均随机一致性指标 RI 值[145]

矩阵阶数 n	1	2	3	4	5	6	7	8	9	10	11
RI 值	0	0	0.58	0.90	1.12	1.24	1.32	1.41	1.46	1.49	1.52

如果判断矩阵 $CR<0.1$ 时，认为判断矩阵具有满意的一致性；当 $CR\geqslant 0.1$ 时，说明该判断矩阵不具有满意的一致性，必须调整判断矩阵中的要素。这时，从判断矩阵计算的最大特征根所对应的特征向量，经过标准化以后，就可以作为该层次指标体系的权重。[146]

4. 层次总权重和一致性检验

上面得到的是一组要素对其上一层某要素的权重，各要素对于总目标的相对权重即层次总权重，层次总权重的计算要自上而下进行，也要进行一致性验证。

一致性指标为：

$$CR = \frac{\sum_{i=1}^{n} a_i CI_i}{\sum_{i=1}^{n} a_i RI_i}$$

其中，CI_i 为 B_{ik} 对 B_i 单排序的一致性指标，RI_i 为相应的平均随机一致性指标。类似的，当 $CR < 0.1$ 时，可以认为判断矩阵具有满意的一致性；当 $CR \geq 0.1$ 时，说明该判断矩阵不具有满意的一致性，必须调整判断矩阵中的要素取值。

三、利用层次分析法确定军队审计能力评价指标权重

（一）问卷调查说明

采用对军队审计专家和学者发放调查问卷的形式，搜集专家学者的意见，确定层次分析法的判断矩阵。调查问卷发放对象包括：在全军审计部门一线工作的专家、从事审计理论研究方面的院校学者、广大军队审计实务工作者以及部分相关专业领域如财务、基建、装备等部门的代表。本次调查共发放调查问卷（见附录一）73 份，回收 64 份，有效问卷 60 份，有效回收率为 82.19%。

（二）对军队审计人员审计能力综合评价指标构建判断矩阵并进行一致性检验

1. 判断矩阵 A

根据问卷调查统计结果（见附录二），按照审计人员和审计组织两级能力评价对象，分别形成判断矩阵，利用数学工具 Mathematica 计算各指标权重，并进行一致性检验，可以得到分类评价指标相对目标层的重要程度权重结果（表 8－5）。

表 8－5 判断矩阵 A

A（审计人员审计能力）	B_1	B_2	B_3	W
B_1（基础能力）	1	1/3	3	0.258
B_2（专业技能）	3	1	5	0.637
B_3（交际能力）	1/3	1/5	1	0.105

$\lambda_{max} = 3.0385$，$CR = 0.0332 < 0.1$，通过一致性检验。

2. 对分类评价指标构建判断矩阵并进行一致性检验

(1) 判断矩阵 B_1（基础能力，表8-6）

表8-6 判断矩阵 B_1

B_1（基础能力）	C_{11}	C_{12}	C_{13}	W
C_{11}（知识）	1	4	2	0.557
C_{12}（科研能力）	1/4	1	1/3	0.123
C_{13}（经验）	1/2	3	1	0.320

$\lambda_{max}=3.018$，CR = 0.016 < 0.1，通过一致性检验。

(2) 判断矩阵 B_2（专业技能，表8-7）

表8-7 判断矩阵 B_2

B_2（专业技能）	C_{21}	C_{22}	C_{23}	C_{24}	C_{25}	C_{26}	C_{27}	C_{28}	W
C_{21}（逻辑思维能力）	1	1	1/3	1/3	1/2	1/2	2	2	0.078
C_{22}（组织协调能力）	1	1	1/3	1/3	1/2	1/2	2	2	0.078
C_{23}（技术运用能力）	3	3	1	1	2	2	5	5	0.242
C_{24}（鉴别分析能力）	3	3	1	1	2	2	5	5	0.242
C_{25}（调查研究能力）	2	2	1/2	1/2	1	1	3	3	0.136
C_{26}（情况处置能力）	2	2	1/2	1/2	1	1	3	3	0.136
C_{27}（总结归纳能力）	1/2	1/2	1/5	1/5	1/3	1/3	1	1	0.044
C_{28}（专业文书能力）	1/2	1/2	1/5	1/5	1/3	1/3	1	1	0.044

$\lambda_{max}=8.029$，CR = 0.0029 < 0.1，通过一致性检验。

(3) 判断矩阵 B_3（交际能力，表8-8）

表8-8 判断矩阵 B_3

B_3（交际能力）	C_{31}	C_{32}	C_{33}	C_{34}	W
C_{31}（表达沟通能力）	1	1	3	4	0.4013
C_{32}（团队合作能力）	1	1	3	2	0.3375
C_{33}（领导艺术）	1/3	1/3	1	3	0.1638
C_{34}（激励本领）	1/4	1/2	1/3	1	0.0974

$\lambda_{max}=4.2173$，$CR=0.08<0.1$，通过一致性检验。

3. 军队审计人员审计能力评价指标层次总排序和一次性检验

$$CR=\frac{\sum_{i=1}^{n}a_iCI_i}{\sum_{i=1}^{n}a_iRI_i}=0.0329<0.1$$，通过一致性检验。

4. 军队审计人员审计能力评价指标权重汇总（表8－9）

表8－9　各要素指标相对于军队审计人员能力的权重

目标层	分类评价指标	分类评价指标相对目标层的权重 W'	单项评价指标	单项评价指标相对于分类评价指标的权重 W_i	单项评价指标相对于目标层的权重 W''
军队审计人员审计能力A	基础能力 B_1	0.2583	知识 C_{11}	0.557	0.1438731
			科研能力 C_{12}	0.123	0.0317709
			经验 C_{13}	0.320	0.082656
	专业技能 B_2	0.637	逻辑思维能力 C_{21}	0.0784	0.0499408
			组织协调能力 C_{22}	0.0784	0.0499408
			技术运用能力 C_{23}	0.2416	0.1538992
			鉴别分析能力 C_{24}	0.2416	0.1538992
			调查研究能力 C_{25}	0.1359	0.0865683
			情况处置能力 C_{26}	0.1359	0.0865683
			总结归纳能力 C_{27}	0.0441	0.0280917
			专业文书能力 C_{28}	0.0441	0.0280917
	交际能力 B_3	0.1047	表达沟通能力 C_{31}	0.4013	0.0420161
			团队合作能力 C_{32}	0.3375	0.0353363
			领导艺术 C_{33}	0.1638	0.0171499
			激励本领 C_{34}	0.0974	0.0101978

（三）对军队审计组织审计能力综合评价指标构建判断矩阵并进行一致性检验

同样方法可以计算并通过一致性检验得到军队审计组织审计能力评价指标权重。

1. 判断矩阵 A（审计组织审计能力，表 8－10）

表 8－10　判断矩阵 A

A（审计组织审计能力）	B_1	B_2	B_3	W
B_1（审计实施能力）	1	2	4	0.5584
B_2（审计管理能力）	1/2	1	3	0.3196
B_3（审计创新能力）	1/4	1/3	1	0.1220

λ_{max} = 3.0183，CR = 0.0158 < 0.1，通过一致性检验。

2. 判断矩阵 B_1（审计实施能力，表 8－11）

表 8－11　判断矩阵 B_1

B_1（审计实施能力）	C_{11}	C_{12}	C_{13}	C_{14}	W
C_{11}（审计质量控制能力）	1	1/2	2	1	0.2310
C_{12}（审计程序履行能力）	2	1	3	2	0.4300
C_{13}（审计业务拓展能力）	1/2	1/3	1	1/2	0.1756
C_{14}（审计决策建议能力）	1	1/2	2	1	0.1634

λ_{max} = 4.2050，CR = 0.0759 < 0.1，通过一致性检验。

3. 判断矩阵 B_2（管理能力，表 8－12）

表 8－12　判断矩阵 B_2

B_2（审计管理能力）	C_{21}	C_{22}	C_{23}	C_{24}	W
C_{21}（组织管理能力）	1	2	3	4	0.4668
C_{22}（制度管理能力）	1/2	1	2	3	0.2776
C_{23}（人员管理能力）	1/3	1/2	1	2	0.1603
C_{24}（环境管理能力）	1/4	1/3	1/2	1	0.0953

$\lambda_{max}=4.0310$，$CR=0.0115<0.1$，通过一致性检验。

4. 判断矩阵 B_3（创新能力，表 8－13）

表 8－13　判断矩阵 B_3

B_3（审计创新能力）	C_{31}	C_{32}	W
C_{31}（审计技术方法改进能力）	1	1	0.500
C_{32}（审计科研训练创新能力）	1	1	0.500

$\lambda_{max}=2.0000$，$CR=0.000<0.1$，通过一致性检验。

5. 军队审计组织审计能力评价指标层次总排序和一次性检验

$$CR=\frac{\sum_{i=1}^{n}a_iCI_i}{\sum_{i=1}^{n}a_iRI_i}=0.0291<0.1$$，通过一致性检验。

6. 军队审计组织审计能力评价指标权重汇总（表 8－14）

表 8－14　各要素指标相对于军队审计组织审计能力的权重

目标层	分类评价指标	分类评价指标相对目标层的权重 W'	单项评价指标	单项评价指标相对于分类评价指标的权重 W_i	单项评价指标相对于目标层的权重 W''
军队审计组织审计能力 A	审计实施能力 B_1	0.5584	审计质量控制能力 C_{11}	0.2310	0.129
			审计程序履行能力 C_{12}	0.4300	0.240
			审计业务拓展能力 C_{13}	0.1756	0.098
			审计决策建议能力 C_{14}	0.1634	0.091
	审计管理能力 B_2	0.3196	组织管理能力 C_{21}	0.4668	0.149
			制度管理能力 C_{22}	0.2776	0.089
			人员管理能力 C_{23}	0.1603	0.051
			环境管理能力 C_{24}	0.0953	0.030
	审计创新能力 B_3	0.1220	审计技术方法改进能力 C_{31}	0.5000	0.061
			审计科研训练创新能力 C_{32}	0.5000	0.061

第三节　军队审计能力评价实例

本论文选取某大单位审计局综合事业办公室审计人员为审计能力考评对象，演示模糊综合评价法模型的运用。2010 年底，该局综合事业办公室拟对候选参加后勤工作优秀助理员评比的一名本部门审计人员能力水平进行大致的评价，作为审计局对该名审计人员能力水平的考核结果，记录在后勤工作优秀助理员推荐表中本单位评语一栏。其中，审计人员审计能力水平一栏共设 A、B、C、D、E 五个等级，依次表示审计能力高、较高、一般、较低和低五种评价结果。

审计局设置综合事业办公室、基本建设审计办公室、装备审计办公室和事务所，其中局长一名，副局长两名，三名办公室主任和一名事务所所长，综合事业办公室包括主任一名，从事审计业务的审计员三名以及从事综合事务的人员两名。为确保评价结果尽量体现客观公正，我们在审计局内部选取审计局长、主管综合事业审计工作的副局长、综合事业审计办公室主任、三名从事审计业务的审计员以及两名从事综合事务的人员这八名同志对受评人员进行评价。同时，结合今年审计任务，我们选择该同志工作中接触过的后勤部财务部的一名业务人员以及被审计单位的两名审计人员和一名财务人员参与评价（被审计单位的这三名人员来自三个不同的单位），这十二名评价人员组成了此次评价工作的评价小组。

一、模糊综合评价法模型的构建

（一）单层次模糊评价

对于指标集是 $X=\{x_1,x_2,\cdots,x_n\}$，评价集是 $Y=\{y_1,y_2,\cdots,y_n\}$，从指标到评价的模糊关系 R 表示了对各个指标 x_i 做各种评价的可能性。

$$(b_1,b_2,\cdots,b_m)=(\omega_1,\omega_2,\cdots,\omega_n)\times\begin{bmatrix}\gamma_{11} & \gamma_{12} & \cdots & \gamma_{1m}\\ \gamma_{21} & \gamma_{22} & \cdots & \gamma_{2m}\\ \vdots & \vdots & \ddots & \vdots\\ \gamma_{n1} & \gamma_{n2} & \cdots & \gamma_{nm}\end{bmatrix} \quad (8-1)$$

式（8－1）中：γ_{ij} 就表示对 x_i 做出 y_j 评价的可能性；ω 是权重向量，$\omega=\{\omega_1,\omega_2,\cdots,\omega_n\}$，表示各指标在评价中的重要性；评价的结果是模糊集，$B=\{b_1,b_2,\cdots,b_m\}$，表示做各种评价的隶属度，b_j 表示综合评价为 y_j 的隶属度。

（二）多层次模糊评价

多层次模糊综合评价的步骤如下：

（1）将一级指标集 $X=\{x_1,x_2,\cdots,x_n\}$ 按一定的属性分成 p 个子集，$X_i=\{x_{i1},x_{i2},\cdots,x_{ip}\},i=1,2,\cdots,p$，且满足 $nX=\bigcup_{i=1}^{p}x_i$。

（2）对于二级指标 x_i 进行单级模糊综合评价，评价集为 $y_j=\{y_{j1},y_{j2},\cdots,y_{js}\}$，$x_i$ 中各因素的模糊权向量为 $\omega_i=\{\omega_{i1},\omega_{i2},\cdots,\omega_{iq}\}$，这里 ω_{ij} 要求满足 $\sum_{l=1}^{q}\omega_{il}=1$，$\omega_{il}\geqslant 0$，$l=1,2,\cdots,q$。记 x_i 的单因素评价矩阵为 R_i，则 x_i 的单级模糊评价结果为：$B_i=\omega_i\times R_i=(b_{i1},b_{i2},\cdots,b_{im})$。

（3）将每个 x_i 看作一个指标，用 B_i 作为它的单指标评判结果，即可得到隶属关系矩阵 R 如式（8－2）所示。

$$R=\begin{bmatrix}B_1\\B_2\\\vdots\\B_p\end{bmatrix}=\begin{bmatrix}b_{11}&b_{12}&\cdots&b_{1m}\\b_{21}&b_{22}&\cdots&b_{2m}\\\vdots&\vdots&\ddots&\vdots\\b_{p1}&b_{p2}&\cdots&b_{pm}\end{bmatrix}\tag{8-2}$$

对于因素 $x_i(i=1,2,\cdots,p)$ 的模糊权向量为 $\omega=\{\omega_1,\omega_2,\cdots,\omega_n\}$，则得到二级模糊综合评价向量为：$B=\omega\times R=(b_1,b_2,\cdots,b_m)$。如果第一 步划分中 x_i 仍较多，则可继续划分得到三个层次或更多层次的模型。

二、模糊综合评价法模型的应用

（一）建立因素集与评估集

1. 确立因素集

因素集 $U=\{B_1,B_2,B_3,B_4\}$，其中 $B_1=\{C_{11},C_{12},C_{13}\}$，$B_2=\{C_{21},C_{22},C_{23},C_{24},C_{25},C_{26},C_{27},C_{28}\}$，$B_3=\{C_{31},C_{32},C_{33},C_{34}\}$。因素集具体指标的内容见表 8－1。

2. 建立评价集

审计人员能力评价调查中（见附录三），将审计人员能力水平分为 A 高、B 较高、C 一般、D 较低、E 低五个档次，由此建立的评价集：$V = \{v_1, v_2, v_3, v_4, v_5\}$，隶属度 v_1, v_2, v_3, v_4, v_5 依次与从高到低的五个水平相对应的关系。

（二）建立权重集

本章表 8－9 已经对审计人员审计能力各要素的权重进行了赋值。其中设 W' 为一级指标权重，W_i 为二级指标权重。

（三）建立评价矩阵 R_i

对评价结果中各单项要素的评价结果进行处理，均去掉一个最高的和一个最低的评价结果，这样每个单项要素都只剩下 10 个有效评价结果，既使得评价结果更加科学，又方便了评价结果的计算。依据经处理过的能力评价调查问卷的统计结果，参照评价集，分别计算各指标的隶属度，然后构造各因素的模糊评价矩阵（调查评价表的内容见附表三，结果统计见附表四）。

因素集 B_i 审计结果与评价集之间的模糊关系矩阵 R_i 分别为：

$$R_1 = \begin{bmatrix} 0.2 & 0.6 & 0.2 & 0 & 0 \\ 0.2 & 0.4 & 0.4 & 0 & 0 \\ 0.2 & 0.2 & 0.6 & 0 & 0 \end{bmatrix} \quad R_2 = \begin{bmatrix} 0.2 & 0.6 & 0.2 & 0 & 0 \\ 0.4 & 0.4 & 0.2 & 0 & 0 \\ 0.4 & 0.4 & 0.2 & 0 & 0 \\ 0.5 & 0.3 & 0.2 & 0 & 0 \\ 0.4 & 0.4 & 0.2 & 0 & 0 \\ 0.4 & 0.4 & 0.2 & 0 & 0 \\ 0.3 & 0.5 & 0.2 & 0 & 0 \\ 0.4 & 0.4 & 0.2 & 0 & 0 \end{bmatrix}$$

$$R_3 = \begin{bmatrix} 0.3 & 0.4 & 0.3 & 0 & 0 \\ 0.4 & 0.4 & 0.2 & 0 & 0 \\ 0.2 & 0.5 & 0.3 & 0 & 0 \\ 0.3 & 0.4 & 0.3 & 0 & 0 \end{bmatrix}$$

依据公式 $B'_i = W_i \times R_i = [b_{i1}, b_{i2}, \cdots, b_{im}]$，得到基础能力维度 B_1 的模糊分布值 B'_1。

$$B'_1 = W_1 \times R_1 = (0.557, 0.123, 0.320) \times \begin{bmatrix} 0.2 & 0.6 & 0.2 & 0 & 0 \\ 0.2 & 0.4 & 0.4 & 0 & 0 \\ 0.2 & 0.2 & 0.6 & 0 & 0 \end{bmatrix}$$

$$= (0.2, 0.4474, 0.3526, 0, 0)$$

同理可得专业技能维度 B_2 、交际能力维度 B_3 综合评价的模糊分布值：

$$B'_2 = W_2 \times R_2 = (0.078, 0.078, 0.242, 0.242, 0.136, 0.136, 0.044, 0.044) \times$$

$$\begin{bmatrix} 0.2 & 0.6 & 0.2 & 0 & 0 \\ 0.4 & 0.4 & 0.2 & 0 & 0 \\ 0.4 & 0.4 & 0.2 & 0 & 0 \\ 0.5 & 0.3 & 0.2 & 0 & 0 \\ 0.4 & 0.4 & 0.2 & 0 & 0 \\ 0.4 & 0.4 & 0.2 & 0 & 0 \\ 0.3 & 0.5 & 0.2 & 0 & 0 \\ 0.4 & 0.4 & 0.2 & 0 & 0 \end{bmatrix} = (0.4042, 0.3958, 0.2, 0, 0)$$

$$B'_3 = W_3 \times R_3 = (0.401, 0.338, 0.164, 0.097) \times \begin{bmatrix} 0.3 & 0.4 & 0.3 & 0 & 0 \\ 0.4 & 0.4 & 0.2 & 0 & 0 \\ 0.2 & 0.5 & 0.3 & 0 & 0 \\ 0.3 & 0.4 & 0.3 & 0 & 0 \end{bmatrix}$$

$$= (0.3174, 0.4164, 0.2662, 0, 0)$$

（四）进行二级综合评价

以准则层（一级指标）B_1, B_2, B_3 为元素，用 B'_1, B'_2, B'_3 构建二级评价矩阵，可以得到：

$$R' = \begin{bmatrix} B'_1 \\ B'_2 \\ B'_3 \end{bmatrix} = \begin{bmatrix} b_{11} & b_{12} & \cdots & b_{1m} \\ b_{21} & b_{22} & \cdots & b_{2m} \\ \cdots & \cdots & \ddots & \cdots \\ b_{p1} & b_{p2} & \cdots & b_{pm} \end{bmatrix} = \begin{bmatrix} 0.2 & 0.4474 & 0.3526 & 0 & 0 \\ 0.4042 & 0.3958 & 0.2 & 0 & 0 \\ 0.3174 & 0.4164 & 0.2662 & 0 & 0 \end{bmatrix}$$

根据模糊评价模型公式：

$$B'' = W' \times R' = [b_1, b_2, \cdots, b_m]$$

$$= (0.2583, 0.637, 0.1047) \times \begin{bmatrix} 0.2 & 0.4474 & 0.3526 & 0 & 0 \\ 0.4042 & 0.3958 & 0.2 & 0 & 0 \\ 0.3174 & 0.4164 & 0.2662 & 0 & 0 \end{bmatrix}$$

$$= (0.343, 0.411, 0.246, 0, 0)$$

结果表示：大约有34.3%认为审计人员×××的审计能力水平为高（A）；大约有41.1%认为其审计能力水平为较高（B）；大约有24.6%认为其审计能力水平为一般（C）；没有人认为审计人员×××的审计能力水平为较低（D）和低（E）。根据隶属最大原则，$\max[0.343, 0.411, 0.246, 0, 0] = 0.411$，评估结果显示，审计人员×××的审计能力水平总体评价为“B”，可以认为该审计人员能力水平较高。进一步分析该人员审计能力准则层能力构成要素，可以发现$B'_1 = (0.2, 0.4474, 0.3526, 0, 0)$，表明对该审计人员基础能力的评价集中在一般和较高水平之间，是急需改进的审计能力，还需进一步分析指标层能力构成的水平；$B'_2 =$（0.4042，0.3958，0.2，0，0），表明对该审计人员专业技能比较认可，评价集中在较高以上，并非是最急需提升改进的能力；$B'_3 = (0.3174, 0.4164, 0.2662, 0, 0)$，表明该审计人员交际能力水平较高，虽然不是最急需改进的能力，但依然具有很大的提升空间。由此可以认为，该审计人员准则层审计能力建设，各能力要素需求紧迫程度依次为基础能力、交际能力、专业技能，依此方法还可以继续对各指标层能力构成进一步分析，来指导审计人员能力建设计划的制订以及能力建设活动的开展。

第九章 结 论

构建一个完整的、严密的军队审计能力建设体系是一项工程浩大且耗时无限的任务，军队审计能力构成及影响因素的动态性、繁杂性使得全面归纳审计能力建设途径愈发困难，不断产生一些“真空”地带，需要新的建设途径加以弥补。顺应我军审计发展方向，基于现实的考量，笔者进行了关于军队审计能力建设的初步研究，在对军队审计能力建设的发展沿革、国内外经验借鉴以及我军审计能力建设现状分析的基础上，尽可能地提出了军队审计能力建设的目标、原则和思路，勾勒出了审计能力建设的基本框架，尽量详细地阐述了军队审计能力建设的基本途径，创新性地提出了军队审计能力的评价模型。

本论文的研究成果和主要贡献包括：

第一，在全面综述军队审计能力建设研究现状的基础上，深入地分析了军队审计能力的构成与要素，将军队审计能力划分为军队审计人员审计能力和军队审计组织审计能力两个层次，并提出审计人员能力、组织构成、审计技术、管理效能和审计环境五个主要的军队审计能力要素。

第二，构建了军队审计能力建设的总体框架，系统提出了军队审计能力建设的目标、原则与思路，并系统地归纳了军队审计能力建设的基本途径：一是健全能力建设制度，包括建立健全能力本位制度、科研训练制度和廉洁从审三项重要制度。二是完善能力建设机制，包括强化审计约束机制、完善审计激励机制。三是有效整合审计资源，通过分析审计能力和审计资源的供需关系，制定了审计人力资源、信息资源和技术资源的整合措施。四是合理评价审计能力，构建了审计能力评价模型，运用实证分析的方法加以验证。

第三，对军队审计能力的诸多要素进行了维度划分，通过问卷调查、专家访谈等方式了解了军队审计能力各要素的重要性，使用层次分析法为审计能力各要素在审计能力中的重要程度进行了赋值，利用数学工具 Mathematica 计算各指标权重，并结合某部队审计部门年终考核评奖，利用模糊综合评价的方法检验了评价指标的科学性和合理性。

军队审计能力建设是一项无止境的课题，本论文只是当前完善军队审计能力建设理论体系的一个阶段性研究成果。下一阶段需要进一步完成的工作：一是对审计能力构成要素研究的完善。随着军事经济的不断发展，审计能力的内容会发生很大的变化，既可能对审计能力构成要素赋予新的内涵，也可能增加新的审计能力构成要素。二是继续加大对审计能力评价的研究。能力评价的方法有很多，根据不同情况下对审计能力评价的需要，评价模型应当有更多的选择。甚至在研究成熟的时候，开发一套评价军队审计能力的软件，运用信息化手段进行评价，使评价结果的使用更加方便快捷。

总之，在理论的世界里，永远不会出现完美的、完善的、无懈可击的理论体系，所有的理论体系都是开放的、随着时代的不断发展而发展，完善军队审计能力建设的理论体系还需要军队审计实践者和审计理论工作者的继续关注。

附录一

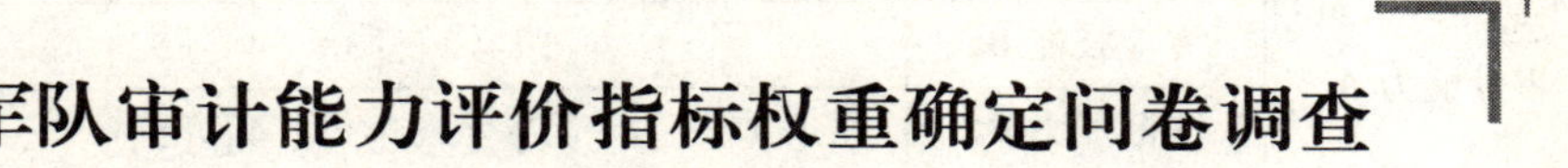

军队审计能力评价指标权重确定问卷调查

尊敬的________：

您好！感谢您能在百忙之中抽出时间阅读并耐心填写这份问卷调查。这份问卷用于军队审计能力建设研究的探讨。在隐去单位、部门和个人信息的前提下，问卷调查的结果经过整理与统计分析后将成为有意义的研究结论。本问卷调查单纯用于博士论文的研究，不用于其他任何用途，问卷中的各项答案没有对错之分，您只需依据自己的理解和实际情况按照要求填写即可。

衷心感谢您的支持与合作！

一、个人基本信息填写

为了保证评定的准确性，请针对个人真实情况填写。首先，请您填写有关您的基本信息：（4、5、6 项非审计人员可不填写）

1. 单　位：________________________（可不填或统一填写）
2. 年　龄：□20～29　□30～39　□40～49　□50～59　□60 以上
3. 学　历：□高中及以下　□大专　□大学本科　□硕士　□博士及以上
4. 行政职务（含副职）：□局级及以上　□处（科、办）级　□助理员
5. 技术级别：□高级审计(会计)师及以上　□中级审计(会计)师　□审计员
6. 从事审计工作年限：□5 年以下　□5～10 年　□10～15 年　□15 年以上

二、军队审计人员审计能力特征与重要性评价：（请用“√”客观地对您自己的能力和该能力对您工作的重要性进行评分。）“该能力对您工作的重要程度评分”时，数字代表的含义：1. 不重要；2. 较不重要；3. 一般；4. 较重要；5. 非常重要。

（一）分类评价指标

综合评价指标	分类评价指标	该能力对您所在部门重要性程度评分
军队审计人员审计能力 A	基础能力 B_1	[1] [2] [3] [4] [5]
	专业技能 B_2	[1] [2] [3] [4] [5]
	交际能力 B_3	[1] [2] [3] [4] [5]

（二）单项评价指标

分类评价指标	单项评价指标	该能力对您工作重要性程度评分
基础能力 B_1	知识 C_{11}	[1] [2] [3] [4] [5]
	科研能力 C_{12}	[1] [2] [3] [4] [5]
	经验 C_{13}	[1] [2] [3] [4] [5]
专业技能 B_2	逻辑思维能力 C_{21}	[1] [2] [3] [4] [5]
	组织协调能力 C_{22}	[1] [2] [3] [4] [5]
	技术运用能力 C_{23}	[1] [2] [3] [4] [5]
	鉴别分析能力 C_{24}	[1] [2] [3] [4] [5]
	调查研究能力 C_{25}	[1] [2] [3] [4] [5]
	情况处置能力 C_{26}	[1] [2] [3] [4] [5]
	总结归纳能力 C_{27}	[1] [2] [3] [4] [5]
	专业文书能力 C_{28}	[1] [2] [3] [4] [5]
交际能力 B_3	表达沟通能力 C_{31}	[1] [2] [3] [4] [5]
	团队合作能力 C_{32}	[1] [2] [3] [4] [5]
	领导艺术 C_{33}	[1] [2] [3] [4] [5]
	激励本领 C_{34}	[1] [2] [3] [4] [5]

三、军队审计组织审计能力特征与重要性评价：（请用“√”客观地对您所在部门的能力和该能力对您所在部门的重要性进行评分。）“该能力对您所在部门的重要程度评分”时，数字代表的含义：1. 不重要；2. 较不重要；3. 一般；4. 较重要；5. 非常重要。

（一）分类评价指标

综合评价指标	分类评价指标	该能力对您所在部门重要性程度评分
军队审计组织审计能力 A	审计实施能力 B_1	[1] [2] [3] [4] [5]
	审计管理能力 B_2	[1] [2] [3] [4] [5]
	审计创新能力 B_3	[1] [2] [3] [4] [5]

（二）单项评价指标

分类评价指标	单项评价指标	该能力对您所在部门重要性程度评分
审计实施能力 B_1	审计质量控制能力 C_{11}	[1] [2] [3] [4] [5]
	审计程序履行能力 C_{12}	[1] [2] [3] [4] [5]
	审计业务拓展能力 C_{13}	[1] [2] [3] [4] [5]
	审计决策建议能力 C_{14}	[1] [2] [3] [4] [5]
审计管理能力 B_2	组织管理能力 C_{21}	[1] [2] [3] [4] [5]
	制度管理能力 C_{22}	[1] [2] [3] [4] [5]
	人员管理能力 C_{23}	[1] [2] [3] [4] [5]
	环境管理能力 C_{24}	[1] [2] [3] [4] [5]
审计创新能力 B_3	审计技术方法改进能力 C_{31}	[1] [2] [3] [4] [5]
	审计科研训练创新能力 C_{32}	[1] [2] [3] [4] [5]

附录二

军队审计能力评价指标权重确定问卷调查结果统计

一、军队审计人员审计能力要素重要性程度选择人数统计表

（一）分类评价指标

分类评价指标	各重要性分数选择人数统计				
	5	4	3	2	1
基础能力 B_1	44	13	3	0	0
专业技能 B_2	58	2	0	0	0
交际能力 B_3	31	21	6	2	0

（二）单项评价指标

分类评价指标	单项评价指标	各重要性分数选择人数统计				
		5	4	3	2	1
基础能力 B_1	知识 C_{11}	54	6	0	0	0
	科研能力 C_{12}	38	14	8	0	0
	经验 C_{13}	46	12	2	0	0
专业技能 B_2	逻辑思维能力 C_{21}	34	19	7	0	0
	组织协调能力 C_{22}	36	16	8	0	0
	技术运用能力 C_{23}	49	10	1	0	0
	鉴别分析能力 C_{24}	51	9	0	0	0
	调查研究能力 C_{25}	43	12	5	0	0
	情况处置能力 C_{26}	44	15	1	0	0
	总结归纳能力 C_{27}	30	22	7	1	0
	专业文书能力 C_{28}	31	16	12	1	0

续表

分类评价指标	单项评价指标	各重要性分数选择人数统计				
		5	4	3	2	1
交际能力 B_3	表达沟通能力 C_{31}	41	16	3	0	0
	团队合作能力 C_{32}	36	19	5	0	0
	领导艺术 C_{33}	24	21	14	1	0
	激励本领 C_{34}	22	16	18	4	0

二、军队审计组织审计能力要素重要性程度选择人数统计表

（一）分类评价指标

分类评价指标	各重要性分数选择人数统计				
	5	4	3	2	1
审计实施能力 B_1	51	8	1	0	0
审计管理能力 B_2	44	13	3	0	0
审计创新能力 B_3	36	13	9	2	0

（二）单项评价指标

分类评价指标	单项评价指标	各重要性分数选择人数统计				
		5	4	3	2	1
审计实施能力 B_1	审计质量控制能力 C_{11}	44	11	5	0	0
	审计程序履行能力 C_{12}	50	9	1	0	0
	审计业务拓展能力 C_{13}	38	16	6	0	0
	审计决策建议能力 C_{14}	36	18	6	0	0
审计实施能力 B_2	组织管理能力 C_{21}	49	8	3	0	0
	制度管理能力 C_{22}	46	10	4	0	0
	人员管理能力 C_{23}	42	14	4	0	0
	环境管理能力 C_{24}	38	16	6	0	0
审计创新能力 B_3	审计技术方法改进能力 C_{31}	32	16	12	0	0
	审计科研训练创新能力 C_{32}	29	18	12	1	0

附录三

军队审计人员审计能力评价调查

尊敬的________：

您好！感谢您能在百忙之中抽出时间阅读并耐心填写这份问卷调查。这份问卷用于军队审计能力建设研究的探讨。在隐去单位、部门和个人信息的前提下，问卷调查的结果经过整理与统计分析后将成为有意义的研究结论。本问卷调查单纯用于博士论文的研究，不用于其他任何用途，问卷中的各项答案没有对错之分，您只需依据自己的理解和实际情况按照要求填写即可。

衷心感谢您的支持与合作！

对审计人员×××审计能力的评价：（请用“√”客观地对×××今年所表现出的能力水平进行评分。）对该审计人员审计能力评分时，数字代表的含义：A. 高；B. 较高；C. 一般；D. 较低；E. 低。

目标层	分类评价指标	单项评价指标	您认为该审计人员能力水平
审计人员×××审计能力A	基础能力 B_1	知识 C_{11}	[A] [B] [C] [D] [E]
		科研能力 C_{12}	[A] [B] [C] [D] [E]
		经验 C_{13}	[A] [B] [C] [D] [E]
	专业技能 B_2	逻辑思维能力 C_{21}	[A] [B] [C] [D] [E]
		组织协调能力 C_{22}	[A] [B] [C] [D] [E]
		技术运用能力 C_{23}	[A] [B] [C] [D] [E]
		鉴别分析能力 C_{24}	[A] [B] [C] [D] [E]
		调查研究能力 C_{25}	[A] [B] [C] [D] [E]
		情况处置能力 C_{26}	[A] [B] [C] [D] [E]
		总结归纳能力 C_{27}	[A] [B] [C] [D] [E]
		专业文书能力 C_{28}	[A] [B] [C] [D] [E]
	交际能力 B_3	表达沟通能力 C_{31}	[A] [B] [C] [D] [E]
		团队合作能力 C_{32}	[A] [B] [C] [D] [E]
		领导艺术 C_{33}	[A] [B] [C] [D] [E]
		激励本领 C_{34}	[A] [B] [C] [D] [E]

附录四

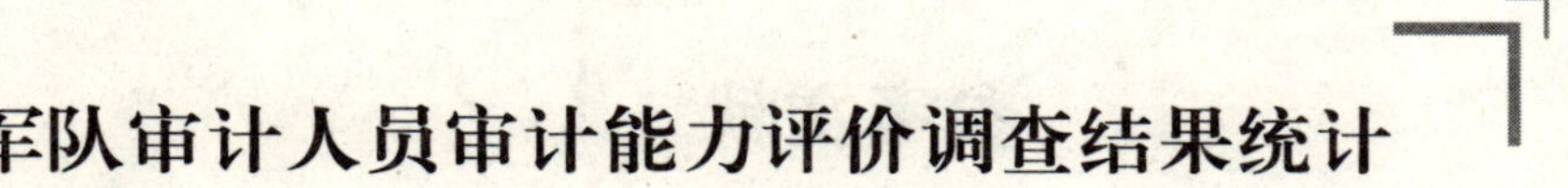

军队审计人员审计能力评价调查结果统计

对该审计人员审计能力评分时，数字代表的含义：A. 高；B. 较高；C. 一般；D. 较低；E. 低。

目标层	分类评价指标	单项评价指标	各能力要素评价分数选择人数统计				
			A	B	C	D	E
审计人员×××审计能力A	基础能力 B_1	知识 C_{11}	3	6	3	0	0
		科研能力 C_{12}	3	4	5	0	0
		经验 C_{13}	3	2	6	1	0
	专业技能 B_2	逻辑思维能力 C_{21}	3	6	3	0	0
		组织协调能力 C_{22}	5	4	3	0	0
		技术运用能力 C_{23}	5	4	3	0	0
		鉴别分析能力 C_{24}	6	3	3	0	0
		调查研究能力 C_{25}	5	4	3	0	0
		情况处置能力 C_{26}	5	4	3	0	0
		总结归纳能力 C_{27}	4	5	3	0	0
		专业文书能力 C_{28}	5	4	3	0	0
	交际能力 B_3	表达沟通能力 C_{31}	4	4	4	0	0
		团队合作能力 C_{32}	5	4	3	0	0
		领导艺术 C_{33}	3	5	3	1	0
		激励本领 C_{34}	4	4	4	0	0

参考文献

［1］胡锦涛．高举中国特色社会主义伟大旗帜，为夺取全面建设小康社会新胜利而奋斗——在中国共产党第十七次全国代表大会大上的报告［M］．北京：人民出版社，2007.

［2］庆祝中国共产党成立90周年胡锦涛同志“七一”重要讲话辅导读本［M］．北京：学习出版社，2011：55.

［3］中央军委．关于进一步加强军队审计工作的意见［S］．2011.

［4］首长有关审计工作指示、讲话精神摘录［G］．北京：解放军审计署综合局，2010.

［5］温家宝总理在审计署考察工作时指出　审计工作要服务中心服务大局［J］．中国审计，2008（1）：9－10.

［6］刘家义．加强审计队伍建设　推进审计事业科学发展［J］．求是，2010（2）.

［7］首长有关审计工作指示、讲话精神摘录［G］．北京：解放军审计署综合局，2010.

［8］李清和．在全军审计局长座谈会上的讲话［J］．军队审计，2011（9）：8.

［9］王社．紧紧围绕主题主线　扎实推进军队审计理论研究创新［J］．军队审计，2011（9）：12.

［10］中国社会科学院语言研究所词典编辑室编．现代汉语词典［M］．北京：商务印书局，2005：921.

［11］辞海［M］．缩印本．上海：上海辞书出版社，1980：479.

［12］马克思恩格斯全集：第一卷［M］．北京：人民出版社，1956：121.

［13］唐志龙，罗剑明．军官能力建设理论研究［M］．北京：解放军出版

社，2005：13.

［14］［美］H A 奥图．人的潜能［M］．北京：世界图书出版公司，1988：62.

［15］［美］斯蒂芬 P 罗宾斯．组织行为学［M］．第七版．北京：中国人民大学出版社，1997：72.

［16］曹日昌．普通心理学：下册［M］．北京：人民教育出版社，1980：136.

［17］［俄］A B 彼得罗弗斯基．普通心理学［M］．北京：人民教育出版社，1981：485.

［18］［俄］A A 斯米尔诺夫．心理学［M］．北京：人民教育出版社，1957：488.

［19］叶弈乾．普通心理学［M］．上海：华东师范大学出版社，1997：586.

［20］李孝忠．能力心理学［M］．西安：陕西人民教育出版社，1985：4.

［21］林秉贤．现代管理心理学［M］．北京：中国展望出版社，1985：117.

［22］韩庆祥．能力本位［M］．北京：中国发展出版社，1999：79－81.

［23］［24］吴晓义，杜晓颖．能力概念的多维透视［J］．吉林工程技术师范学院学报：社会科学版，2006（4）．

［25］Richard W Burns（Ed.）．Competence－Based Education：an Introduction［M］．New Jersey：Educational Technology Publications，1972：5－7.

［26］S Fletcher. Competency－Based Assessment Techniques［M］．London：Kogan Page，1992：17.

［27］R Nickse（Ed）．Competency－Based Education：Beyond Minimum Competency Testing［M］．London：Kogan Page，1981：10.

［28］Christine Velde. An Alternative Conception of Competence：Implications for Vocational Education［J］．Journal of Vocational Education and Training，1999（5－13）：437－436.

［29］戚书平．能力价值观初探［J］．郑州大学学报：哲学社会科学版，1999（2）：73.

［30］Penrose E T. The Theory of the Growth of the Firm［M］．Oxford University Press，1995.

[31] Wernerfelt B. A Resource – Based View of the Firm [J] . Strategic Management Journal, 1984 (5 –2): 171 –180.

[32] Barney J B. Firm Resources and Sustainable Competitive Advantage [J] . Journal of Management, 1991 (17 –1): 99 –120.

[33] Barney J B. Is the "Resource – Based 'View' a Useful Perspective for Strategic Management Research? Yes" [J] . Academy of Management Review, 2001 (26 – 1): 41 –56.

[34] Prahald C K, Gary Hamel. The Core Competence of the Corporation [J]. Harvard Business Review, 1990: 81.

[35] Leonard – Barton , Dorothy. Core Capabilities and Core Rigidities: A Paradox in Managing New Product Development [J] . Strategic Management Journal, 1992 (13): 111 –125.

[36] Teece D, Pisano G, Shuen A. Dynamic Capabilities and Strategic Management [J] . Strategic Management Journal, 1997 (18 –7): 509 –533.

[37] Kathleen M Eisenhardt, Jeffrey A Martin. Dynamic Capabilities: What Are They? [J] . Strategic Management Journal, 2000 (21): 1105 –1121.

[38] [日] P N Suhha, Narasimba. Strategy in Turbulent Environments: The Role of Dynamic Competence [J] . Managrial And Decision Economics Management Dects, Ecom 2001 (22): 201 –202.

[39] Allee V. The Knowledge Evolution: Expanding Organizational Intelligence [J] . Boston: Butterworth – Heinemann, 1997 (51 –11): 71 –74.

[40] Zollo C. Dynamic Capabilities and the Emergence of Intra – Industry Differential Firm Performance: Insights From a Simulation Study [J] . Strategic Management Journal, 2002 (24 –2): 97 –125.

[41] Spencer & Spencer. Competence at work: Models for Superior Performance [M] . Willey New York. NY. 1993.

[42] Adams K. Competency' s American Origins and the Conflicting a: roaches in use today [J] . Competency, 1996 (3 –2): 44 –48.

[43] Raelin J A, Cooledge A S. From Generic to Organic Competencies [J]. Human Resource planning, 1995 (18 –3): 24 –38.

[44] McClelland. Testing for Competence rather than for Intelligence [J]. American Psychologist, 1973 (28): 213 - 311.

[45] Burgoyne J G. The Competence movement: issue stakeholders and prospects [J]. Personnel Review, 1993 (22 - 6): 6 - 13.

[46] Sandwith P. A hierarchy of management training requirements: the competency domain model [J]. Public Personal Management, 1993 (22): 9 - 25.

[47] Swan B F. In search of the Superior Professional [J]. Occupational Health & Safery, 2000: 116 - 118.

[48] Cheetham G, Chivers G. Towards a Holistic Model of Professional Competence [J]. Journal of European Industrial Training, 1996 (20): 20 - 30.

[49] Sparrow P R, Hiltrop J M. European Human Resource Management in Transition [M]. Prentice - Hall Hemel Hempstead, 1994.

[50] Devish M. The Kioto People Management Model [J]. Total Quality Management, 2000 (9): 62 - 65.

[51] [日] Kuijpers M. Career Development Competencies. Proceedings of the 2nd Conference of HRD Research & Practice across Europe [D]. University of Twente. Enschede, 2000: 309 - 314.

[52] [日] Kanugo R N. Managerial Resourcefulness: A reconceptualization of Management Skills [J]. Human Relations. 45 (12), 1992: 1311 - 1327.

[53] Hunt J, Wallance. J. Organizational Change and the Atomization of Modern Management. [J]. Management Development Forum, 1998 (1).

[54] UN (1992a). Agenda 21 [M/OL]. http://www.un.org/esa/sustdev/documents/agenda21/english/agenda21toc.htm#sec1, 1992.

[55] 孔寒冰，陈劲．科技人力资源能力建设研究 [M]．北京：中国人民大学出版社，2010 (12)．

[56] 杨世文，雷鸣．论能力建设及其意义 [J]．新视野，2006 (4)．

[57] [59] 雷鸣．能力建设论——一种新的发展框架 [D]．北京：中共中央党校，2005.

[58] [62] 韩庆祥，雷鸣．从人学到能力建设 [J]．求实，2004 (3)：35 - 39.

[60] 霍连明．高技能型人才能力建设研究 [D]．北京：中国地质大学，

2010：23.

[61] 雷鸣．能力建设论——一种新的发展框架［D］．北京：中共中央党校，2005：86－88.

[63] 严家明，等．社会机制论［M］．北京：知识出版社，1995：2.

[64] 戚鲁．人力资源能本管理与能力建设［M］．北京：人民出版社，2003：73.

[65] 雷鸣．能力建设论——一种新的发展框架［D］．北京：中共中央党校，2005：99－105.

[66] 吴秋生．政府审计职责研究［M］．北京：中国财政经济出版社，2007：55.

[67] 李金华审计长在全国审计工作会议上的报告［N］．中国审计报，2007－12－28（2）．

[68] 陈新国，刘孝文．影响审计能力的因素及对策［J］．科技创业月刊，2008（12）．

[69] 刘莉莉．论政府审计能力及其影响因素［J］．山西财经大学学报，2008（4）：33.

[70] 黄莺．审计人才评价与分级的能力模型：一项探索性研究［J］．审计研究，2009（1）：27－31.

[71] 晨曦．中国大陆与香港内部审计能力与需求调查［N］．中国审计报，2008－12－31（7）．

[72] 阮志柏．审计思考与实践［M］.2008：401.

[73] 王孝贵．加强军队审计能力素质建设刍议［N］．中国审计报，2009－05－04（8）．

[74] 张与国，陈诗春．关于加强审计能力建设的思考［J］．军事经济研究，2005（4）．

[75] 王祥根，邓祥贵．浅谈军队审计人员应具备的素质［J］．当代审计，1997（2）．

[76] 张守普．以科学发展观为指导，大力加强审计队伍建设．//2006 军队审计理论研究中心理事论坛论文集．武汉：军事科学出版社，2007：209.

[77] 王文吉．以审计专业训练为抓手，推进军队审计人才建设．//2007 军

队审计理论研究中心理事论坛论文集．武汉：军事科学出版社，2008：254.

［78］曹界国．军队审计人力资源开发研究——基于审计力提升视角［D］．武汉：军事经济学院，2010：26.

［79］中国军事后勤百科全书：军队审计卷［M］．北京：金盾出版社，2002（8）：38.

［80］Porter J W，Lawler E E. The Effects of "Tall" vs "Flat" Organization Structures on Managerial Job Satisfaction ［J］. Personnel Psychology：115 –126.

［81］肖明．信息管理资源［M］．第2版．北京：电子工业出版社，2008.

［82］Abraham Harold Maslow. A Theory of Human Motivation Psychological Review ［M］. 1943（50 –4）：370 –396.

［83］Fredrick Herzberg，The Motivation to Work ［M］. 1959.

［84］David C Mceleland. The Achievement Motive ［M］. 1953.

［85］Douglars McGregor. The Human Side of Enterprise ［M］. 1960.

［86］［87］周三多，陈传明．管理学［M］．北京：高等教育出版社，2000：22 –30.

［88］张文杰．整合管理思想对审计资源管理的启示［J］．审计月刊，2004（12）.

［89］~［92］肖文八．军队审计学［M］．北京：军事科学出版社，2010.

［93］牢记使命任务　把握特点规律　在新的起点上推进军队审计事业科学发展［J］．军队审计，2011（2）：15.

［94］周建鑫．军队审计法制建设研究［D］．武汉：军事经济学院，2008.

［95］［96］曹界国．军队审计人力资源开发研究——基于审计力提升视角［D］．武汉：军事经济学院，2010：67 –69.

［97］曾寿喜，刘国常，等．国家审计的改革与发展［M］．北京：中国时代经济出版社，2007：100.

［98］陈媛．国家审计机关依法审计能力研究［D］．广州：暨南大学，2006（6）.

［99］http：//www. audit. gov. cn/cysite/docpage/c340/200301/0109_ 340_ 668. htm.

［100］审计署外事司．国际审计纵横：十一集［M］．北京：中国时代经济出版社，2007：99.

［101］国家审计署．关于加强审计纪律的规定［S］．2000（3）．

［102］黄德发．政府治理范式的制度选择［M］．广州：广东人民出版社，2005.

［103］http：//www. audit. gov. cn/cysite/docpage/c340/200301/0109_ 340_ 668. htm.

［104］［105］刘建秋，刘冬荣．注册会计师胜任能力及其培养途径研究［J］．会计之友，2009（6）．

［106］［108］时现，毛勇，易仁萍．国内外企业内部审计发展状况之比较——基于调查问卷分析［J］．审计研究，2008（6）．

［107］中国内部审计协会章程［S/OL］．http：//www. ciia. com. cn/pyciia/htm.

［109］［111］～［113］审计署科研所．欧盟国家最高审计机关概述［J］．审计科研动态，2010（5）：3－22.

［110］审计署外事司．国际审计纵横：十一集［M］．北京：中国时代经济出版社，2007：77－82.

［114］～［116］刘建秋，刘冬荣．注册会计师胜任能力及其培养途径研究［J］．会计之友，2009（6）．

［117］［119］计平．德国内部审计业务介绍［J］．中国内部审计，2005（7）．

［118］［120］陈珊珊，唐东．美国内部审计发展现状及对我国的启示［J/OL］．http：//www. studa. net/Audits/070904/09205592. html. 2011－10－22.

［121］毛泽东选集：第一卷［M］．北京：人民出版社，1991：284.

［122］唐志龙，罗剑明．军官能力建设理论研究［M］．北京：解放军出版社，2005：13.

［123］叶忠海．普通人才学［M］．上海：复旦大学出版社，1990：252.

［124］陈方．整合策划技术［M］．北京：时事出版社，2001：130.

［125］郝万禄，崔俊．军队审计管理创新探要［J］．军事经济研究，2006（11）．

［126］［127］中国军事后勤百科全书：军队审计卷［M］．北京：金盾出版社，2002：216－225.

[128] 总政治部，总后勤部．军队审计人员廉洁从审规定［S］．2011.

[129] 阎金锷．审计理论研究［M］．北京：中国审计出版社，1992：53.

[130] 郭振乾．中国审计学［M］．北京：中国审计出版社，1997：29.

[131] 胡继荣．论审计期望差距的构成要素［J］．审计研究，2001（1）．

[132]［美］西奥多 W 舒尔茨．论人力资本投资［M］．北京：北京经济学院出版社，1990.

[133] 王健．信息经济与管理［M］．乌鲁木齐：新疆人民出版社，2002：6.

[134][135] 那博．军队审计信息资源系统研究［D］．武汉：军事经济学院，2010.

[136] 张庆龙．对国家审计信息资源开发的思考［J］．生产力研究，2005（7）．

[137][138] 曹界国，邓科树，等．浅谈军队审计资源整合［J］．军事经济研究，2008（7）．

[139] 王如燕，郭孝风．关于国家审计资源整合的研究［J］．齐鲁珠坛，2005（5）．

[140][142][144] 时毅．公共环境项目绩效审计评价指标体系研究［D］．青岛：中国海洋大学，2008（5）．

[141] 张征，沈珍瑶．环境评价学［M］．北京：高等教育出版社，2004：421－425.

[143] 王莲芬，许树柏．层次分析法引论［M］．北京：人民大学出版社，1990.

[145] Jun Fei，Ruimin Yao，Lihua Yu. Fuzzy Analytic Hierarchy Process Application to E－government Performance Evaluation［C］．Fifth International Conference on Fuzzy System and Knowledge Discovery.

[146] 耿建新，肖振东．公共工程投资绩效审计指标体系研究//中国审计学会编．审计署立项课题研究报告．北京：中国时代经济出版社，2007：421－496.

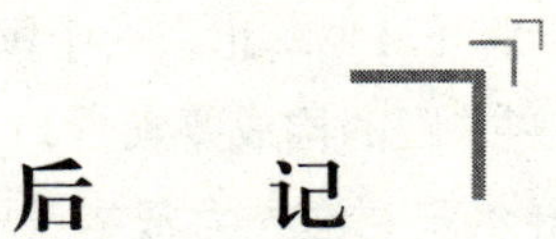

后 记

经过近三年的案牍劳形、孜孜以求，字里行间无不渗透着辛劳汗水、承载着无尽关爱和鼓励的博士学位论文终于可以付梓，回首攻读博士学位的三年时间，既有充满快乐的时光，也有困惑和迷茫的时刻，此时此刻都化成了温馨的回忆。仰望星空、掩卷而思，在军事经济学院的十年时光转瞬即逝，从管理学学士到军事学硕士、博士，十年研磨，十年求索，甘苦自知。不同阶段的学习经历都是一场甘之如饴的学术盛宴，一次痛并快乐的初体验，一份不可替代的人生馈赠，为我的论文镌刻了不同岁月的痕迹、交融了不同领域的迥异风格、震撼着不同学科的美妙共鸣。

在论文完成之际，我首先要感谢我的导师欧阳程教授，他将我收入门下，不弃粗粝，细心雕琢。从他那里我不仅学到了许多的知识，而且也被他广博的学识、深厚的理论功底、严谨的治学态度与谦和的人格魅力深深感染。老师对我的论文倾注了大量心血，从选题、构思、谋篇到修改直至最后定稿，每一个环节都得到了老师悉心的指导和帮助。在六年的硕士、博士生涯，我时刻感受到老师对我的关怀，在他的精心指导下，我的学识逐渐广博，能力日趋提高，思想日益丰满，这些都将伴我走完将来更加漫长的人生道路。师生之谊，山高水长；师恩似海，永世铭记。

还要感谢十年来将我领入军队审计领域并帮助我不断丰富知识，给我教诲、关心、支持和鼓励的军队审计系吕天宇主任、肖文八教授、刘金文教授、陈雄智教授、于吉全教授，军队财务系黄瑞新教授、熊友存教授等，他们在我攻读学位期间、论文开题及写作过程都给予了我无私、热情的帮助。论文中的一些观点直接得益于他们的无私指导，很多不成熟的地方也得到了他们的斧正。

论文写作期间，还要感谢解放军审计署领导给我提供了参与全军审计训练大型活动的机会；感谢第二炮兵审计局领导给我提供了实习的机会；感谢沈阳军区审计局、济南军区审计局、二炮五十三基地审计处、陆军第五十四集团军审计处、陆军第十六集团军审计处、东海舰队航空兵部队审计处、第四军医大学审计办、信息工程大学审计办等单位为我的论文提供了重要资料和数据以及调研学习的机会。正是由于部队单位的帮助，使我在校期间就实现了三级审计部门的工作经历，这将是我军旅生涯中一段宝贵的经验。

还要感谢在校学习生活期间师兄、师姐的关心，师弟、师妹的帮助，感谢所有给予我帮助与关爱的同学，你们的每一句问候都是我坚持下去的动力，和你们的每一次交流都使我得到收获。

最后，我要感谢我的家人，是他们在背后为我鼓励加油，背后无形的力量将永远是我人生进步的动力！

受知识水平和能力所限，论文不可能尽善尽美，肯定还有不周全或不尽如人意的地方，我将在未来的生活、学习、工作中继续研究，争取更大成果。也感谢各位专家教授多提宝贵意见，为研究提供更为开阔的思路和眼界。

张　鑫

二○一二年六月

图书在版编目(CIP)数据

军队审计能力建设研究 / 张鑫著.
—北京:中国时代经济出版社,2013.11
ISBN 978-7-5119-1769-0
Ⅰ.①军… Ⅱ.①张… Ⅲ.①军队审计 - 研究 - 中国
Ⅳ.①E232.6
中国版本图书馆 CIP 数据核字(2013)第 271631 号

书 名: 军队审计能力建设研究
作 者: 张 鑫

出版发行: 中国时代经济出版社
社 址: 北京市丰台区玉林里 25 号楼
邮政编码: 100069
发行热线: (010)68320825 88361317
传 真: (010)68320634 68320697
网 址: www.cmepub.com.cn
电子邮箱: zgsdjj@hotmail.com
经 销: 各地新华书店
印 刷: 北京嘉恒彩色印刷有限责任公司
开 本: 787 × 1092 1/16
字 数: 150 千字
印 张: 11. 5
版 次: 2013 年 11 月第 1 版
印 次: 2013 年 11 月第 1 次印刷
书 号: ISBN 978-7-5119-1769-0
定 价: 33. 00 元